Ralf Mühe

Das Buch der Offenbarung

# Die Zeitung von morgen



bibellesebund

ISBN: 3-87982-213-1
3. Auflage 2004
Umschlaggestaltung: Kortüm & Georg
Gestaltung und DTP: Monika M. Roth
Druck: Brockhaus Dillenburg

# Inhalt


Liebe Leserin, lieber Leser ..... 5
Kurze Einführung in die Offenbarung ..... 6
Übersicht über den Aufbau der Offenbarung ..... 7
Enthüllte Geheimnisse 1,1–3 ..... 8
Die Enthüllung des Kommenden 1,4–8 ..... 9
Auf Patmos und in Gottes neuer Welt 1,9–11 ..... 10
Jesus, der Herr 1,12–20 ..... 11
Sieben Botschaften an sieben Gemeinden ..... 12
Der Inhalt der Sendschreiben im Überblick ..... 13
Zwei tadellose Gemeinden ..... 14
Wahrheit ohne Liebe 2,1–7 ..... 15
Verfolgt, aber nicht verlassen! 2,8–11 ..... 16
Sünde beim Namen nennen 2,12–17 ..... 17
Christsein ohne klare Konturen 2,18–29 ..... 18
Die Gemeinde der „zweiten Generation“ 3,1–6 ..... 19
Die Sendschreiben: kirchengeschichtliche Schau ..... 20
Bewahrt – bewährt! 3,7–13 ..... 21
Wen Jesus ausspuckt 3,14–22 ..... 22
Die Bildsprache der Offenbarung ..... 23
Zahlen in der Bildsprache ..... 24
Gottes Thron 4,1–11 ..... 27
Niemand ist würdig 5,1–5 ..... 28
Die Bedeutung des Siegels in der Antike ..... 29
Jesus ist würdig 5,6–14 ..... 30
Die apokalyptischen Reiter 6,1–8 ..... 31
Schrei nach Gerechtigkeit 6,9–11 ..... 32
Der „liebe Gott“ wird zornig 6,12–17 ..... 33
Unter Gottes Schutz 7,1–8 ..... 34
Am Ziel angelangt 7,9–17 ..... 35
Wenn Christen beten 8,1–5 ..... 36
Jesus Christus in der Offenbarung ..... 37
Zerstörte Umwelt – Zeichen des nahenden Endes 8,6–13 ..... 38
Gott unterscheidet 9,1–12 ..... 39
Trotzdem bekehrt sich niemand 9,13–21 ..... 40
Keine Zeit mehr 10,1–11 ..... 41

Gottes Baupläne 11,1–14 ... 42
Endlich! 11,15–19 ... 43
Die Darstellung von Zeitabläufen in der Offenbarung ... 44
Bedroht und bewahrt 12,1–9 ... 46
Jubel und blutiger Ernst 12,10–18 ... 47
In den Klauen Satans 13,1–10 ... 48
Das Tier ... 49
Verführt! 13,11–18 ... 50
Verfolgt und dennoch am Ziel! 14,1–5 ... 51
Jesus in Begleitung seiner Engel ... 52
Der Weltenrichter kommt 14,6–20 ... 53
Anbetung und Zorn 15,1–8 ... 54
Gottes grimmiger Zorn 16,1–21 ... 55
Die abservierte „Hure“ 17,1–18 ... 56
Weinen und jubeln 18,1–24 ... 57
Hochzeitsfeier 19,1–10 ... 58
Jesus: hart, aber gerecht 19,11–21 ... 59
Satan: verhaftet und eingesperrt 20,1–3 ... 60
Vom Minus zum Plus 20,4–6 ... 61
Farben als Teil der Bildsprache ... 62
Verdammt in alle Ewigkeit 20,7–15 ... 64
Ewigkeit (Artikel) ... 65
Gottes neue Welt 21,1–14 ... 66
Unbeschreibliche Herrlichkeit 21,15–27 ... 67
Zu Hause 22,1–5 ... 68
Zuverlässig und wahr 22,6–15 ... 69
Am Ziel der Geschichte 22,16–21 ... 70
Kleines Bildwortlexikon ... 71

# Liebe Leserin, lieber Leser,

Mehr als die anderen biblischen Bücher gibt uns die Offenbarung Einblicke hinter die Kulissen der sichtbaren Welt. Es ist daher nicht erstaunlich, daß wir dabei auf Fremdartiges stoßen. Oft nennt man deshalb die Offenbarung ja auch das Buch mit den sieben Siegeln.

Zunächst ist uns die Bildsprache des Buches fremd, die zur Charakteristik biblischer Prophetie gehört.

Weiterhin verwirrt es, daß die Kapitel nicht chronologisch aufeinander aufbauen. Oft greifen spätere Kapitel zeitlich wieder zurück, entfalten die Geschichte unter einem neuen Blickwinkel und führen zum Ziel der Weltgeschichte hin.

Auslegungen der Offenbarung bleiben als Spiegelbild unserer geistlichen Erkenntnis nur Stückwerk. Es lohnt sich, daß wir uns immer wieder neu um ein tiefergehendes Verständnis der Offenbarung bemühen; denn mit fortschreitender Heilszeit wird Gott uns Blick für das öffnen, was wir wissen müssen. Dabei greift der Heilige Geist auf unser Bibelwissen zurück und fügt nach und nach ein Puzzleteil dem anderen hinzu.

Für mich selbst war die erste grundlegende Erkenntnis die, daß Jesus Christus uns durch seine Offenbarung nicht ängstigen, sondern ermutigen will. Allzu leicht sind wir ja geneigt, uns von dem bannen zu lassen, was in dieser Welt mächtig und groß ist. Dabei vergessen wir meist, daß das Sichtbare nur vorläufig ist. Das Beste – Gottes wunderbare neue Welt – kommt erst noch. Und das ist ganz gewiß!

In diesem Sinne wünschen wir vom Bibellesebund Ihnen viel Gewinn beim Lesen der Offenbarung!

Ralf Mühe

# *Kurze Einführung in die Offenbarung*

***Verfasser***
*Der Verfasser der Offenbarung nennt sich einfach nur „Ich, Johannes, euer Bruder" (1,9)! Für die Empfänger war also vollkommen klar, wer ihnen da schrieb: Offensichtlich eine Person, die so bekannt war, daß sie sich nicht näher vorstellen mußte. Wir können davon ausgehen, daß es sich um den Apostel Johannes handelt.*

***Ort und Zeit der Abfassung***
*Johannes befand sich zwangsweise auf der im Ägäischen Meer gelegenen Felseninsel Patmos. In der Offenbarung gibt es keine konkreten Hinweise zur Zeitgeschichte, so daß wir die Abfassungszeit nur vermuten können. Vieles spricht dafür, daß sie gegen Ende der Regierungszeit des römischen Kaisers Domitian (81–96) geschrieben wurde. Unter ihm fand die erste weitreichende Verfolgung von Christen statt, da sie sich weigerten, den römischen Kaiser als göttliche Person zu verehren.*

***Empfänger***
*Im ersten Schreibbefehl (1,11) werden als Adressaten zunächst die christlichen Gemeinden im Westen Kleinasiens genannt. Das siebenfache „Wer Ohren hat, der höre, was der Geist den Gemeinden sagt!" (2,7.11.17.29; 3,6.13.22) scheint aber über diese ursprünglich angesprochene Zielgruppe weit hinaus zu weisen.*

***Zweck der Abfassung***
*Johannes soll aufschreiben, „was ist und was geschehen soll danach" (1,19). Die Gemeinde wird damit zu einem Zweifachen befähigt:*

**1.** *Sie soll ihre (jeweilige) Gegenwart durchschauen können. Hinter den Kulissen des sichtbaren Geschehens findet in der unsichtbaren Welt ein Kampf statt, dessen Ausgang schon längst feststeht.*

**2.** *Ihr wird der Blick auf das Ziel der Weltgeschichte gelenkt. Die Tendenzen zur Vergöttlichung des Menschen, aber auch die Zunahme an Katastrophen jeder Art entspricht dem Geschichtsablauf, der in der Offenbarung aufgezeigt wird. All das weist auf den neuen Anfang hin, den Gott schaffen wird.*

***Übersicht***
*Um einen Überblick über dieses letzte Buch der Bibel zu bekommen, ist es hilfreich, sich danach zu jedem Kapitel ein Stichwort zu merken.*

**Vorschlag:**

| | | |
|---|---|---|
| 1 | ➡ | Empfang |
| 2 + 3 | ➡ | Sendschreiben |
| 4 | ➡ | Thron |
| 5 | ➡ | Buch |
| 6 | ➡ | Siegel |
| 7 | ➡ | 144000 |
| 8 | ➡ | Posaunen |
| 9 | ➡ | Abgrund |
| 10 | ➡ | Büchlein |
| 11 | ➡ | Zeugen |
| 12 | ➡ | Drache |
| 13 | ➡ | Antichrist |
| 14 | ➡ | Ernte |
| 15 | ➡ | Überwinder |
| 16 | ➡ | Zornesschalen |
| 17 + 18 | ➡ | Babylon |
| 19 | ➡ | Hochzeit |
| 20 | ➡ | Weltgericht |
| 21 + 22 | ➡ | Gottesstadt |

# Übersicht über den Aufbau der Offenbarung

| | | | |
|---|---|---|---|
| Empfang | 1 | 12 | Drache |
| Sendschreiben | 2 | 13 | Antichrist |
| Thron | 3 | 14 | Ernte |
| vor Gottes Thron | **4** | 15 | Überwinder |
| Buch | 5 | 16 | Zornesschalen |
| Siegel | 6 | 17 | Babylon |
| 144 000 | 7 | 18 | Babylon |
| Posaunen | 8 | **19** | vor Gottes Thron |
| Abgrund | 9 | 20 | Weltgericht |
| Büchlein | 10 | 21 | Gottesstadt |
| Zeugen | 11 | 22 | Gottesstadt |

Zahlensymbolik und bildliche Ausdrucksweise gehören zu den Stilmitteln apokalyptischen Schrifttums. Aus der Übersicht wird ersichtlich, wie sich die beiden Hälften des Buches (Kapitel 1–11 und Kapitel 12–22) im Aufbau entsprechen.

# Enthüllte Geheimnisse

## *Zum Text: Offenbarung 1,1–3*

D***er Absender.*** Vor uns liegt eines der aufregendsten Bücher der Bibel, „die Offenbarung ..." Ehe Sie den Satz vorschnell mit „... des Johannes" ergänzen, lesen Sie Vers 1 noch einmal: Die Enthüllung der zukünftigen Dinge ist Jesu Sache. Er gibt weiter, was er von Gott, dem Vater, erhalten hat (vgl. Johannes 8,28b).

***Der Übermittler.*** Jesus selbst ist der Mittelpunkt der Offenbarung. Er übermittelt, was er als Auferstandener selbst von Gott empfangen hat; denn sie ihm für seine „Knechte" gegeben worden. Mit anderen Worten: Gott will, daß alle, die zu ihm gehören, Bescheid wissen, was geschehen wird.

***Die Empfänger.*** Die „Apokalypse" ist für Gottes Kinder bestimmt. Mit „Knechte" wird der Aspekt des Dienens betont.

***Die Absicht des Buches.*** Lesen Sie bitte Vers 1 und 3! Es geht nicht darum, Angst vor der Zukunft zu wekken, sondern Zuversicht: Gott führt die Weltgeschichte zum Ziel! Ihm ist auch Ihre persönliche Situation nicht verborgen. Nehmen Sie das als Gewißheit mit in den Tag.

Vers 3: „Der da liest (Einzahl) und die da hören" (Mehrzahl) weist darauf hin, daß die Schreiben der Apostel in den Gemeinden ursprünglich vorgelesen wurden.

## *Übertragung ins Leben:*

Wenn wir heute die Tageszeitung mit all ihren Schreckensmeldungen lesen, dann erkennen wir noch nichts von Gottes Herrschaft. Chaos, Ungerechtigkeit und globale Zerstörungen prägen unsere Welt. Wir müssen unsere Aufmerksamkeit schon bewußt auf Gottes Wort lenken, durch das Gott sich uns mitteilt, um nicht an der Wirklichkeit seiner Herrschaft zu zweifeln.

Mit dem Lesen der Offenbarung wechseln wir die Perspektive. Wir sehen die Welt aus dem Blickwinkel der unsichtbaren Welt Gottes. Dennoch bleibt uns zwar manches noch unverständlich. Aber letztendlich werden nicht diejenigen glücklich gepriesen, die alles verstehen, sondern die Weissagungen zunächst nur behalten. Wir können sicher sein, daß Gottes Geist uns das Verständnis für die Aussagen schenkt, wenn es dafür Zeit ist.

## *Gesprächsimpuls:*

Tauschen Sie sich darüber aus, welche Erwartungen und Ängste Sie mit dem Begriff „Zukunft" verbinden!

## *Gebetszeit:*

Sprechen Sie mit Gott ehrlich über Ihre eigenen Zukunftserwartungen und -ängste.

*Offenbarung (1):* Siehe „Kleines Bildwortlexikon", Seite 71–73

# Die Enthüllung des Kommenden

## *Zum Text: Offenbarung 1,4–8*

Die Offenbarung ist zunächst an Christen gerichtet, die im Gebiet der heutigen Türkei (Kleinasien) lebten.

Gnade und Frieden von Gott sind Gaben, die wir uns nicht selbst aneignen können. Beachten Sie, wie Gott in Vers 4 beschrieben wird: „Und der da kommt" (nicht: „der da kommen wird") durchbricht den Dreiklang von Gegenwart, Vergangenheit und Zukunft. Es wird damit auf das Ereignis hingewiesen, das den Höhe- und Endpunkt der Weltgeschichte darstellt: Gottes sichtbare Herrschaft auf der Erde (7).

Vers 5 wendet sich Jesus Christus zu. Die drei Titel sagen etwas über seinen Dienst aus: unter seinem Volk Israel (Joh 5,36), in seiner Gemeinde (vgl. Kolosser 1,18), über die Welt. Der anschließende Lobpreis betont sein Verhältnis zu uns: Er liebt uns (Gegenwart!), er hat uns erlöst (eine vollendete Tatsache!), und hat uns eine neue Bestimmung gegeben, die einst nur Israel gegolten hat (2.Mose 19,5–6).

Alpha und Omega (8) sind die Buchstaben, mit denen das griechische Alphabet beginnt und endet (vgl. 21,6).

## *Übertragung ins Leben:*

1. Wer ist Jesus? Nehmen Sie ein Blatt Papier und notieren Sie in einer linken Spalte Aussagen aus dem Bibeltext. Schreiben Sie nun jeweils in die rechte Spalte, ob und wie die Beschreibungen über Jesus Ihren Alltag berührt!
2. Bin ich wirklich ein König/eine Königin? Gott hat Ihnen durch seine Erlösung die Herrschaft über persönliche Schwächen, über die Sünde und über den Machtanspruch Satans verliehen. Es liegt an Ihnen, ob Sie diese Vollmacht einsetzen.
3. Bin ich wirklich ein Priester/eine Priesterin? Dieses „Amt" ist mit der Aufgabe verbunden, zwischen den Menschen oder zwischen einem Menschen und Gott zu vermitteln.

## *Gesprächsimpuls:*

Wie können Sie die königlichen und priesterlichen Aufgaben in Ihrem Alltag konkret umsetzen?

## *Gebetszeit:*

1. Nehmen Sie sich Zeit, um Gott zu sagen, was er oder Jesus Christus Ihnen bedeutet. Dieses „zweckfreie" Beten nennt die Bibel Anbetung.
2. Sprechen Sie nun mit Gott über Ihre Stellung als König, als Königin oder Priester, Priesterin. Nennen Sie ihm (anhand konkreter Ereignisse) die Schwierigkeiten, Ihrer Berufung gemäß zu leben.

---

*Alpha und Omega (8):* Siehe „Kleines Bildwortlexikon", Seite 71–73

# Auf Patmos

*und in Gottes neuer Welt*

## *Zum Text: Offenbarung 1,9–11*

Vers 9: Johannes bezeichnet sich gegenüber Jesus als „Knecht“ (1), für die Briefempfänger ist er ein „Bruder“. Die Schwierigkeiten, die über die Christen in Kleinasien gekommen sind, haben auch ihn getroffen (vgl. Kurze Einführung in die Offenbarung, Seite 4). Aber nicht nur die Leiden, sondern auch die Hoffnung auf das Sichtbarwerden des Reiches Jesu vereint sie.

Vers 10: Gottes Geist durchbricht die Isolation der Verbannung. Zugleich überwindet er die Begrenzung menschlicher Wahrnehmung, indem er Johannes in Gottes Welt versetzt (vgl. 1.Kor 2,10). Ein Wechsel der Blickrichtung ist notwendig, um gleich darauf den Auferstandenen sehen zu können. Dies gilt auch für uns: Bleiben unsere Blicke nicht allzu oft am Elend der Gegenwart hängen? Wir sollten auch auf den Auferstandenen sehen! Die Stimme, die Johannes hört (9), unterscheidet sich von der des Auferstandenen in Vers 15.

Vers 11: „Schreibe“: Der Botschaft, die Johannes mitzuteilen hat, werden durch die schriftliche Niederlegung die Grenzen von Raum und Zeit genommen!

## *Übertragung ins Leben:*

Heute wird oft ein Wohlfühlchristentum gepredigt. Mit der Annahme des Glaubens verbindet sich der Anspruch auf persönliches Glück. Nichts davon prägt das Leben des verbannten Johannes.

Statt Johannes aus der Bedrängnis herauszuhelfen, legt Gottes Geist ihm eine weitere Arbeit auf: „Schreibe!“

Haben Sie zur Zeit familiäre oder berufliche Schwierigkeiten oder Sie leiden an einer Krankheit? Denken Sie daran, all das ist stets nur *eine* Seite ihres Lebens! Die andere ist, daß Gott Sie dennoch liebt und im Dienst an anderen gebrauchen kann.

## *Gesprächsimpuls:*

Wie denken Sie über die Ansicht, daß persönliche Schwierigkeiten erst überwunden sein müssen, ehe man sich Gott zur Verfügung stellen kann?

## *Gebetszeit:*

1. Danken Sie Gott, daß er Sie „brutto“ liebt: mit all Ihren Unzulänglichkeiten.
2. Bitten Sie Gott, daß Sie in Ihren eigenen Schwierigkeiten Chancen entdecken, den Glauben an Jesus Christus glaubwürdig zu bezeugen!
3. Stehen Sie in der Fürbitte für Menschen ein, die durch ihre Lebensführung hart geprüft werden.

---

*Am Tag des Herrn (10)*
wird von vielen als Hinweis auf den Auferstehungstag (=Sonntag) gedeutet.
*Buch (11):* Siehe „Kleines Bildwortlexikon“, Seite 71-73

# Jesus, der Herr

## *Zum Text: Offenbarung 1,12–20*

Vers 12: „Ich wandte mich um, zu sehen...", wird in Vers 17 fortgesetzt: „Und als ich ihn sah ..." Die Verse dazwischen beschreiben Jesus als Herrn seiner Gemeinde. Er (er-)hält sie (16a). Als „Menschensohn" (Daniel 7,13) ist er das Haupt eines Leibes, der sich aus erlösten Menschen zusammensetzt. Das Schwert aus dem Mund (16b) weist Jesus als Richter aus (vgl. Hebr 4,12). Durch sein Wort reinigt er seine Gemeinde (2,16) und richtet er einmal die Völker (19,15). Beachten Sie das Wörtchen „wie", das jeweils den Vergleich andeutet.

Die Vision hat offensichtlich den Zweck, daß die Leser der Offenbarung Jesus in seiner überragenden Bedeutung erkennen. Es geht also nicht darum zu zeigen, wie der Auferstandene aussieht, sondern was ihn auszeichnet. Ebenso verhält es sich in Kapitel 5. Dort wird Jesus als Lamm dargestellt.

Wo immer die Bibel von Begegnungen mit dem heiligen Gott oder seinen Boten berichtet, befällt den Menschen Furcht und Entsetzen (vgl. Daniel 8,17–18; 10,1–10). Dies hat etwas mit unserer Sündhaftigkeit zu tun.

Vers 17–18: Jesus ist der Überwinder des Todes. Schon die Aussage: „Ich war tot" übersteigt die Logik eines jeden, der den Tod für das Ende allen Seins hält. Die Schlüssel demonstrieren Jesu Verfügungsgewalt.

## *Übertragung ins Leben:*

Manchmal berührt es mich unangenehm, wenn von Jesus, als „unserem Bruder" gesprochen wird. Obwohl an der Aussage selbst nichts zu kritisieren ist, werde ich dabei das Empfinden nicht los, daß mit dieser Ausdrucksweise die Autorität Jesu als Herr in Frage gestellt wird.

Für mich ist Jesus vor allem der Herr, der göttliche Autorität besitzt.

## *Gesprächsimpuls:*

Beschreiben Sie, wie sich Ihre Ehrfurcht vor Jesus Christus ausdrückt!

## *Gebetszeit:*

Wenn Sie das Verlangen haben, Ihre persönliche Beziehung zu Jesus zu intensivieren, dann bitten Sie ihn ernsthaft, daß er Ihnen neu die Augen für seine Herrlichkeit öffnet.

---

*Engel (20):* Das griechische Wort Angelos kann sowohl Engel als auch Bote bedeuten. Es ist durchaus möglich, daß jede Gemeinde ihren himmlischen Vertreter hat. Die Frage bleibt, warum Johannes ihnen (in Kapitel 2–3) dann schreiben sollte. Es wird darum vielfach angenommen, daß die Leiter der jeweiligen Gemeinden gemeint seien.
*Schwert (16); Hölle (18), :* Siehe „Kleines Bildwortlexikon", Seite 71–73

# 7 Botschaften an 7 Gemeinden

Sicher wird Ihnen beim Lesen von Kapitel 2 und 3 der Offenbarung auffallen, wie klar gegliedert die einzelnen Schreiben sind. Um sie leichter miteinander vergleichen zu können, ist es eine Hilfe, wenn man ihren Aufbau kennt. Vielleicht hilft es Ihnen sogar, wenn Sie jeweils die Untergliederungen in Ihrer Bibel farbig markieren (zum Beispiel: Empfänger rot, Schreibbefehl grün, Bestandsaufnahme: Tadel blau, Lob gelb, Ermahnungen braun und Zusagen orange).

**1. Empfänger**

Die sieben Botschaften, die Johannes zu überbringen hat, richten sich zunächst an sieben Ortsgemeinden in Kleinasien (im Gebiet der heutigen Türkei). Durch die Zahl Sieben (Zahl der Vollkommenheit) wird angedeutet, daß diese Botschaften darüber hinaus den christlichen Gemeinden aller Zeiten gelten. Einige Ausleger glauben, in der Charakterisierung der sieben Gemeinden verschiedene Epochen der Kirchengeschichte erkennen zu können. Grundsätzlich kann sich jede Kirche oder Gemeinde im Spiegel der Sendschreiben selbst prüfen und daraus Konsequenzen ziehen.

**2. Schreibbefehl**

Was niedergeschrieben ist, kann nicht so schnell in Vergessenheit geraten. Eine geschriebene Botschaft ist ein bleibendes Dokument. Nicht nur Gott im Himmel schreibt (Offb 20,12), er läßt auch schreiben. Johannes wird dadurch in die Lage versetzt, zuverlässig die Gemeinden auf dem kleinasiatischen Festland zu erreichen.

**3. Bestandsaufnahme: Lob und Tadel**

Jesus ist und bleibt der Herr seiner Gemeinde. Das heißt, daß Christen vor ihm in der Verantwortung stehen. Es wird deutlich, daß sich dessen nicht alle Gemeinden wirklich bewußt sind. Sie haben Jesus als Mitte verloren oder sich gar verselbständigt. Für andere ist gerade das Wissen ermutigend, daß Jesus der Herr ist und ihre Lage kennt. Tatsächlich überrascht, wie souverän Jesus selbst verborgene Mißstände aufdeckt. Sein Urteil ist vollkommen gerecht. Er lobt zum Beispiel auch dort, wo er zunächst Grund hat, zu tadeln und zur Umkehr aufzurufen.

**4. Ermahnungen**

Das Ziel der Schreiben ist es, den Christen in den Gemeinden erneut die Augen für Jesu unsichtbare Gegenwart zu öffnen. Er ist die Mitte und das Ziel der christlichen Gemeinde. Wo dieses aus dem Blickfeld gekommen ist, liegen Dinge falsch und müssen geordnet werden. Der Ruf zur Umkehr ist nicht in erster Linie als Drohung aufzufassen. Gerade weil Jesus die Gemeinden nicht strafen will, deckt er Versagen auf.

**5. Zusagen**

Der Gehorsam gegenüber dem Herrn der Gemeinde lohnt sich. Die Zusagen, in einer Art Merkspruch prägnant formuliert, dienen als Ansporn, notwendige Veränderungen anzupacken, oder in dem, was in Ordnung ist, treu zu bleiben.

# Der Inhalt der Sendschreiben im Überblick

| Empfänger | Lob | Tadel | Angedrohte Konsequenz | Zusage |
|---|---|---|---|---|
| **Ephesus (2,1)** | für die Werke, für die Mühsal und Geduld (2,2–3) | weil die erste Liebe verlassen wurde (2,4) | Wegstoßen des Leuchters (2,5) | essen vom Baum des Lebens im Paradies (2,7) |
| **Smyrna (2,8)** | eine arm geltende Gemeinde, die in Jesu Augen aber reich ist (2,9) | ohne Tadel | | a) die Krone des Lebens (2,10)<br>b) kein Erleiden des zweiten Todes (2,11) |
| **Pergamon (2,12)** | für das Festhalten am Glauben, trotz Verfolgungen (2,13) | weil sie mit Leuten durchsetzt ist, die die Gemeinde verführen (2,14) | Jesus wird die Verführer bekämpfen (2,16) | a) essen vom verborgenen Manna<br>b) ein weißer Stein mit der Inschrift des neuen Namens (2,17) |
| **Thyatira (2, 18)** | für die Werke, die Liebe, den Glauben, den Dienst, die Geduld und stetiges Wachstum (2,19) | weil eine falsche Prophetin mit ihren Verführungen geduldet wird (2,20) | Krankheit, Trübsal und Tod der falschen Prophetin und allen, die sich mit ihr einlassen (2,21–23) | a) Macht über die Völker<br>b) den Morgenstern (2,27) |
| **Sardes (3,1)** | ohne Lob | weil der Ruf, lebendig zu sein, nicht zutrifft. Bis auf einige Leute ist die Gemeinde geistlich tot (3,14) | Die Gemeinde wird von Jesus wie von einem Dieb überrascht (3,3) | a) weiße Kleider<br>b) die Tilgung des Namens im Buch des Lebens wird nicht ausgeführt (3,5) |
| **Philadelphia (3,7)** | für das Festhalten am Bekenntnis zu Jesus, trotz geringer Kräfte (3,8) | ohne Tadel | | a) Bewahrung inmitten der Prüfungen, die kommen werden (3,10)<br>b) Zugehörigkeit zu Gottes neuer Stadt (3,12) |
| **Laodizea (3,14)** | ohne Lob | weil Gleichgültigkeit das Handeln prägt. Die Gemeinde ist weder kalt noch warm (3,15), dafür aber selbstzufrieden (3,17) | Jesus will nicht, daß die Gemeinde so bleibt, wie sie ist. Er tadelt sie deshalb scharf, erzieht sie – und macht auf sich aufmerksam (3,19–20) | das Vorrecht, mit Jesus zu herrschen (3,21) |

# *Sieben Botschaften an die Gemeinden*

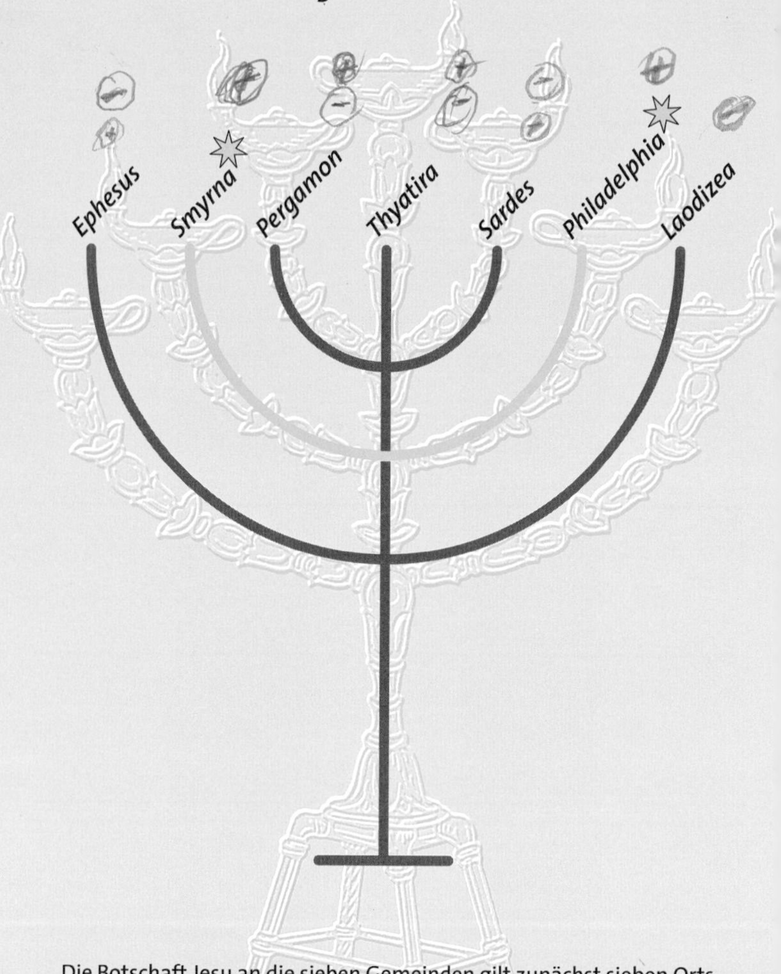


Die Botschaft Jesu an die sieben Gemeinden gilt zunächst sieben Ortsgemeinden im Westen von Kleinasien. Darüber hinaus gilt sie der Gemeinde Jesu an allen Orten und zu jeder Zeit. Die Zahl 7 symbolisiert als Zahl göttlicher Vollkommenheit die universale Bedeutung der Sendschreiben. Es wird kein Zufall sein, daß die beiden tadellosen Gemeinden durch die Reihenfolge ihrer Nennung in einer gewissen Beziehung zueinander stehen. Wer will, kann dahinter die ordnende Hand des erhöhten Herrn sehen, der nach Kapitel 1,12-13 in den Gemeinden wirksam ist.

# Wahrheit ohne Liebe

## *Zum Text: Offenbarung 2,1–7*

Nordöstlich von Ephesus stand das berühmte Heiligtum der Artemis. Die Stadt hatte eines der größten Theater der Welt aufzuweisen (vgl. Apg 19,23ff.), sowie eine Therme, Gymnasien, riesige Marktanlagen und eine Prachtstraße vom Hafen zum Theater. Hier soll auch der Apostel Johannes gewirkt haben.

Die Christen in Ephesus haben sich erfolgreich gegen Personen gewehrt, die durch ihre Art zu leben und durch ihre Lehren eine Gefahr für das Evangelium bildeten (2). Vielleicht würde man die Gemeinde heute als „konservativ" bezeichnen.

Der Auferstandene tadelt, daß die Gemeinde jene Liebe verloren hat, die sie ursprünglich prägte. Liebe ist dynamisch. Sie läßt sich nicht konservieren. Jesus erwartet keine Aktionen oder neue Gottesdienstformen, sondern Buße. Hier liegt der Schlüssel zur Zukunft (5) – auch für viele Gemeinden heute, die zwar das richtige Bekenntnis, aber keine brennende Liebe mehr für Jesus haben!

Noch einmal folgt ein ermutigendes Lob (6). Wir wissen nicht genau, welche Irrlehren die „Nikolaiten" vertraten. Wegweisend für uns ist jedoch die Feststellung, daß Jesus in bestimmten Fällen eine deutlich Abgrenzung („hassen") für notwendig hält.

## *Übertragung ins Leben:*

Erinnern Sie sich an Ihre „erste Liebe"? Da suchten Sie vermutlich eine Einseitigkeit, die für Sie das höchste Glück bedeutete: Ihre Gedanken und Gefühle, Ihre Zeitplanung – einfach alles ordnete sich Ihrer Beziehung zu der geliebten Person unter.

Jesus sehnt sich danach, die Nummer eins in unserem Leben zu sein. Die vorbehaltlose Zuwendung zu Gott ist unsere eigentliche Bestimmung (Mt 22,37f.). Sie kann weder durch eine bibeltreue Theologie noch durch die Abgrenzung gegenüber liberaler Standpunkte ersetzt werden.

„Liebe kann man nicht befehlen", sagen manche. Die Frage lautet nicht so sehr, ob wir lieben *können*, sondern ob wir überhaupt *wollen*, daß Jesus in allem den Vorrang hat.

## *Gesprächsimpuls:*

„Liebende haben nur eine Natur – die Gegenwart des anderen" Jean Giraudox. – Wie wirkt sich das auf meine Beziehung zu Jesus Christus aus?

## *Gebetszeit:*

Bekennen Sie vor Jesus, welche Dinge oder Personen für Sie wichtiger sind als er!

# Verfolgt, aber nicht verlassen!

## *Zum Text: Offenbarung 2,8–11*

Die Juden bildeten in Smyrna eine einflußreiche Minderheit, die von der Teilnahme am römischen Kaiserkult befreit war. Da die Christen von den Behörden als jüdische Sekte angesehen wurden, genossen auch sie Religionsfreiheit. Doch die Juden verleumdeten die Christen und lieferten sie damit Repressalien aus. Damit hatten sie sich zu Handlangern des Satans gemacht (9). Er ist (auch heute) der eigentliche Feind der Gemeinde (10).

Jesus weist sich gegenüber der bedrängten Gemeinde mit seiner göttlichen Autorität aus (vgl. Kapitel 1,18; Jes 44,6). Der Herr bedauert sie nicht; denn die Gemeinde hat bewiesen, daß sie trotz Verfolgungen am ewigen Leben durch Jesus festhält.

Jesus läßt Leid zu. Aber es ist in seiner Dauer deutlich begrenzt (10). Leiden kann auch Sterben bedeuten. Doch schlimmer als der Tod ist die ewige Verlorenheit (11), die auch „der zweite Tod" genannt wird (20,14; 21,8).

## *Übertragung ins Leben:*

„Wo ist denn nun euer Gott. Behauptet Ihr nicht, er könne Wunder tun?" Dies war eine provozierende Anfrage an unser Bekenntnis als Christen, als ein schwerer Schlag uns getroffen hatte.

Die Situation der Christen in Smyrna eignete sich ebenfalls kaum für eine ansprechende Selbstdarstellung. Gegenüber den Juden, die von seiten des römischen Staates Privilegien genoß, standen sie da wie die großen Verlierer.

Doch wer wirklich arm oder reich ist, wird bei Jesus nach anderen Kriterien gemessen. So kann es sein, daß wir selbstsicher von Heilsgewißheit reden, aber uns innerlich längst von Gott entfernt haben. Andererseits ist es möglich, daß wir unter mangelnden Erfolgen leiden und aus dem Blick verloren haben, daß bei Jesus vor allem die Treue zählt.

## *Gesprächsimpuls:*

Warum können Menschen, die im Überfluß leben, bedauernswerter sein als verfolgte Christen?

## *Gebetszeit:*

Herr Jesus, es gibt nichts, was ich vor dir verbergen könnte. Du erkennst die falschen Motive bei meinen „guten" Taten. Du weißt aber auch, wo man meine Absichten verkennt und mir Böses unterstellt.

Es tut gut, daß ich vor dir sein kann, wie ich bin.

Herr, hilf mir mit meinen Worten und Handlungen durchsichtig – eindeutig – zu sein, damit andere dich erkennen.

---

*Krone (10):* Siehe „Kleines Bildwortlexikon", Seite 71–73

# Sünde beim Namen nennen

## *Zum Text: Offenbarung 2,12–17*

Pergamon – eine faszinierende Stadt: Von hier aus hat das Pergament seinen Siegeszug angetreten und das Papyrus vom Weltmarkt verdrängt. Etwa 300 m über der Stadt ragte eines der 7 Weltwunder, der riesige Zeusaltar empor. Der Asklepiostempel mit seiner angeblich wunderwirkenden Quelle machte die Stadt zu einem „Lourdes“ des Altertums. Doch lesen Sie Jesu Urteil über diese Stadt (13). Wie oft verbirgt sich hinter verführerischem Glanz und schmeichelnder Größe tiefe geistliche Finsternis. Das wirklich Faszinierende in Pergamon ist die Treue der Gemeinde Jesu. Doch einige Christen haben sich verführen lassen (14) – und die Gemeinde duldet sie! Hier setzt der Tadel des Herrn an. Er ist bereit, selbst gegen diese Minderheit zu streiten (12.16). „Tut Buße“ gilt denen, die sich verführen ließen, aber auch der Gemeinde, die es unterläßt, Sünde beim Namen zu nennen.

## *Übertragung ins Leben:*

In unseren Kirchen und Gemeinden hat vieles Platz. Schuldig scheinen oft nicht diejenigen, die Gottes Gebote übertreten, sondern solche, die Sünde beim Namen nennen; denn sie gelten als intolerant.

(Bibel-)treue Christen können den massiven Einbruch von Unmoral und falschen Lehren nicht aufhalten. Aber es genügt nicht, ohnmächtig oder verbittert zu schweigen. Selbstverständlich ist der Rückzug in die private Frömmigkeit einfacher als den Spott zu ertragen, der sich oft über Gottes Mahner ergießt.

## *Gesprächsimpuls:*

Gilt Jesu Tadel auch uns? Schweigen wir, wo deutliche Worte nötig wären?

## *Gebetszeit:*

1. Sprechen Sie mit Gott über konkrete Anliegen Ihrer Ortsgemeinde. Nenne Sie vor ihm Menschen beim Namen.
2. Lassen Sie sich zeigen, wo sich bei Ihnen aus einem Gefühl der Ohnmacht heraus, eine Haltung der Bitterkeit, Kritiksucht oder Antipathie gegenüber Gemeindegliedern verfestigt hat.
3. Bitten Sie, daß der Herr Ihnen Weisheit gibt, angemessen auf Mißstände zu reagieren.

---

*Verborgenes Manna (17):*
Manna war die Speise mit der Gott die Israeliten in der Wüste versorgte (2.Mose 16). Es steht hier im Gegensatz zum Essen des Götzenopfers (14).
*Weißer Stein:* Olympiasieger erhielten als Urkunde einen weißen Stein zur Beglaubigung ihres Sieges.

# Christsein ohne klare Konturen

### *Zum Text: Offenbarung 2,18–29*

Auch Christen in der Stadt der Purpurfärbereien (Apg 16,14) werden die Opfer einer Irrlehre, die durch Isebel* verkörpert wird. Es ist erschreckend, wie oft wir in Gemeinden denen willig das Feld überlassen, die sich tatkräftig für falsche Ziele einsetzen. Dieser Laschheit (20) stellt Jesus machtvolles Auftreten und entschiedenes Handeln gegenüber (26–28).

Die Folgen für die Verführten werden fatal sein, wenn sie sich nicht warnen lassen (22–23). Die Treuen werden das Ruder in der Gemeinde nicht mehr herumreißen können, sondern die Folgen dafür tragen müssen, daß sie sich nicht klar abgegrenzt haben (24).

### *Übertragung ins Leben:*

Stärken und Schwächen liegen gewöhnlich sehr dicht beieinander. Der Gemeinde in Thyatira fehlt es nicht an Liebe (19). Aber zugleich kennt diese Liebe keine festen Grenzen.

Ich erinnere mich lebhaft an eine Gruppe von Teenagern. Zur Bibelarbeit stürmte sie wie eine Horde Wilder in den Raum und fand nicht zur Ruhe. Der Pfarrer saß mild lächelnd dabei und schaute dem immer größer werdenden Chaos zu. Schließlich versuchten er und sein Team mit Trillerpfeifen und Gebrüll den Lärm zu übertönen, um sich Gehör zu verschaffen.

Eine falsch verstandene Liebe verzichtet auf klare Leitlinien. Sie möchte niemanden verletzen und es allen recht machen. Sie verleugnet sich bis zur Selbstaufgabe und kann damit auch nicht vor den alles durchdringenden Augen Jesu Christi bestehen.

### *Gesprächsimpuls:*

Welche Eigenschaften kennzeichnen Geduld und falsche Duldsamkeit? Wo möchten Sie die Trennungslinie zwischen beiden ziehen?

### *Gebetszeit:*

1. Lesen Sie noch einmal den Bibeltext und beachten Sie dabei die Aussagen über Jesu Geduld gegenüber den Irrlehrern.
2. Scheiben Sie das, was Sie herausfinden, als Leitgedanken für heute auf und sprechen Sie darüber mit Gott

---

*Isebel, auf die hier Bezug genommen wird, war eine Phönizierin. Durch die Ehe mit König Ahab hatte sie Macht, das Leben in Israel mit ihrem heidnischen Einfluß zu durchdringen. Voller Ehrgeiz bekämpfte sie die, die treu an Gott festhielten (2.Könige 9,22).
*Morgenstern (28):* Siehe „Kleines Bildwortlexikon", Seite 71–73

# Die Gemeinde der „2. Generation“

### *Zum Text: Offenbarung 3,1–6*

Sardes war die alte Hauptstadt Lydiens. Im siebten Jahrhundert vor Christus hatte sie einen sagenhaften Reichtum aufzuweisen. Krösus, von dem wir noch im Sprichwort reden, hatte dort als letzter König geherrscht (560–546 v.Chr.).

Das, was „man“ sagt, zählt nicht bei Jesus. Er schaut hinter die Kulissen einer Frömmigkeit, die keine geistlichen Impulse mehr empfängt oder an andere weitergibt. Sardes stellt die Gemeinde der zweiten oder dritten Generation dar, die viel von ihrer ursprünglichen Hingabe verloren hat. Hier bilden inzwischen die lebendigen Christen inmitten von Namenschristen eine Minderheit (4). Entsprechend fällt auch die Zusage für diejenigen aus, die sich wachrütteln lassen: Er wird die nicht aus dem Buch des Lebens streichen, die sich wachrütteln lassen. Es besteht also höchste Gefahr! Buße tun heißt hier, zu Gottes Wort zurückkehren und es wieder zur verbindlichen Richtschnur für Glauben und Handeln im Alltag zu nehmen (3).

### *Übertragung ins Leben:*

Namen von Kirchen und Gemeinschaften sagen etwas darüber aus, was sie zu Beginn prägte. Die Zersplitterung der Christen in immer neue Denominationen zeugt von einer Unzufriedenheit mit Bestehendem. Aber häufig haben junge Gemeinden nach wenigen Generationen die gleichen Probleme wie historisch etablierte Kirchen. Das Evangelium muß von jeder Generation persönlich angenommen werden (3). Bezeichnungen wie orthodox, katholisch, evangelisch, frei evangelisch, evangelikal, methodistisch, pietistisch, urchristlich oder missionarisch ... sind noch keine Garanten für geistliches Leben.

### *Gesprächsimpuls:*

Was macht eigentlich eine „lebendige Gemeinde“ aus? Schreiben Sie einige Punkte auf, die Ihrer Meinung nach eine ideale Gemeinde kennzeichnen!

### *Gebetszeit:*

1. Nehmen Sie das, was sie im Gesprächsimpuls erarbeitet haben, und sprechen Sie darüber mit Gott.
2. Nennen Sie Gott Personen beim Namen, die sich von Jesus Christus abgewandt haben oder noch nichts von ihm wissen wollen.

---

*Weiß (4):* Siehe „Kleines Bildwortlexikon“, Seite 71-73

# Die Sendschreiben

## Eine kirchengeschichtliche Schau

Einige Ausleger der Bibel sehen in den Sendschreiben eine prophetische Abfolge kirchengeschichtlicher Perioden. Diese Sichtweise hat einiges für sich, ist aber auch umstritten.

**1. Ephesus. Die junge Gemeinde (zur Zeit des Johannes)**
Die Gemeinde Jesu muß sich mit Irrlehrern auseinandersetzen, die den Bau der Gemeinde nach ihren Vorstellungen zu beeinflussen drohen. Das Feuer der ersten Liebe weicht mehr und mehr dem Kampf um die rechte Lehre. An die Stelle der Hingabe tritt Rechthaberei.

**1. Smyrna. Verfolgte, aber siegreiche Gemeinde (bis etwa 312)**
Die Verfolgung unter Kaiser Diokletian (284–305 n.Chr.) stellt alle bisherigen Schwierigkeiten in den Schatten. Die Christen werden erstmals im ganzen Römischen Reich systematisch verfolgt. Es ist eine Zeit, in der Mitläufern der Preis des Glaubens zu hoch wird.

**3. Pergamon. Das Christentum wird Staatsreligion (ab etwa 312)**
„Die Lehre Bileams", eines Mannes, der gar nicht zu Gottes Volk gehörte, ist in die Gemeinde eingedrungen. Aus der verfolgten Gemeinde ist eine Staatskirche geworden, die an Macht und Einfluß gewinnt.

**4. Thyatira. Die Zeit des Mittelalters (500–1500)**
Der christliche Glaube prägt das Leben und Denken in Europa. Zugleich ist eine ungeheure Verweltlichung mit vielen Entgleisungen der Kirche zu beklagen. In Kapitel 2,20 wird Isebel genannt, eine Frau, die Hurerei treibt und andere damit verführt. Die Parallele zur Kirche der Endzeit, der „Hure Babylon" (Kapitel 17) ist unübersehbar.

**5. Sardes. Das Zeitalter der Reformation**
Das Urteil über die Gemeinde in Sardes ist vernichtend, weil sie ihrer Berufung nicht gerecht wird. Die Auseinandersetzung der Reformatoren mit der Kirche ihrer Zeit führt zur Trennung; denn die Kirche, die behauptet, das Heil zu verwalten, ist letzten Endes damit beschäftigt, ihre Pfründe zu erhalten.

**6. Philadelphia. Die Zeit der Mission (ab Mitte 18. Jahrhundert)**
Dieser Zeitabschnitt der „offenen Tür" ist der Beginn der Mission durch die Gemeinde Jesu. Zunächst geschieht sie noch zaghaft und schwach, aber doch mehr und mehr überzeugend. In der zeitlichen Abfolge steht „Philadelphia" direkt vor der angekündigten Zeit der Prüfungen, „die kommen wird über den ganzen Weltkreis" (3,10).

**7. Laodizea. Die Zeit der trügerischen Sicherheit (Gegenwart)**
In der Laodizea-Gemeinde hat man den Blick für die geistliche Realität verloren und meint, alles sei in Ordnung. Dabei ist Jesus längst nicht mehr in ihrer Mitte. Der Weg dieser Gemeinde führt unweigerlich zu dem religiösen Endzeitsystem, wenn sie nicht umkehrt und den einläßt, der sagt: „Siehe, ich stehe vor der Tür und klopfe an ..." (3,20).

# Bewahrt – bewährt!

## *Zum Text: Offenbarung 3,7–13*

Philadelphia war eine griechisch geprägte Stadt inmitten eines aktiven Vulkangebietes. Oft verbrachten die Bewohner aus Angst vor einstürzenden Gebäuden die Zeit im Freien. Daran wird wohl der Zuspruch in Vers 12 anknüpfen.

Welche Eigenschaften haben die Christen von Philadelphia vorzuweisen, daß ihre Gemeinde keinen Tadel empfängt? Lesen Sie bitte Vers 8 und 10 und überlegen Sie, ob die zwei genannten Eigenschaften auch bei Ihnen zu finden sind.

Es ist erstaunlich, daß vor Jesus die Treue zu seinem Wort und das mutige Einstehen zu ihm als „Werke“ ausreichen.

## *Übertragung ins Leben:*

**1. „Du hast mein Wort bewahrt.“**
Stehen wir in der Gefahr, mit guten Werken eines „sozialen Evangeliums“, die Treue zu Gottes Wort zu vernachlässigen? Damit treten wir auch den Nichtchristen kaum zu nah. Gottes Wort zu bewahren heißt, es zu lesen und sich im Alltag dazu bekennen. Wer missionarisch gesinnt ist, entdeckt „offenen Türen“ – Gelegenheiten zu evangelistischen Gesprächen, die Jesus gibt (8).

**2. „Du hast eine kleine Kraft.“**
Die stärksten Gegner werden ausgerechnet durch das Zeugnis der „schwachen“ Christen überwunden (9). In den persönlichen Begrenzungen liegen auch Chancen. Allerdings tun wir uns oft schwer damit, sie zu entdecken. Viele lehnen sich statt dessen wegen ihrer Schwächen selbst ab oder überspielen sie durch vermeintliche Stärken.

Den Schlüssel zur Treue gegenüber Jesus Christus (8) finden wir in der „kleinen Kraft“. Erst der ehrliche Umgang mit den eigenen Grenzen bildet die Grundvoraussetzung dafür, daß wir auf Gottes Kraft vertrauen.

## *Gesprächsimpuls:*

Benennen Sie eine Ihrer persönlichen Begrenzungen, und versuchen Sie gemeinsam, daran eine positive Seite zu finden!

## *Gebetszeit:*

1. Danken Sie Gott, daß er Sie liebt wie Sie sind, und nicht so, wie Sie gern sein möchten.
2. Bitten Sie ihn, daß Sie sich so annehmen können, wie Sie sind.
3. Bitten Sie den Herrn auch darum, daß er Ihnen hilft, die negativen Seiten Ihrer „kleinen Kraft“ zu überwinden.

---

*Schlüssel (7):* Siehe „Kleines Bildwortlexikon“, Seite 71–73

# Wen Jesus ausspuckt

## *Zum Text: Offenbarung 3,14–22*

Den Christen in Laodizea fehlt der geistliche Biß: die Anstößigkeit kompromißloser Hingabe (16), die aus der Überzeugung kommt, daß Menschen ohne Jesus verloren sind. Warum sollten sie auch? Fehlt ihnen doch selbst die Lebensgemeinschaft mit ihm (20)!

Dieses Grundmuster einer angepaßten Frömmigkeit ist das Problem vieler etablierter christlicher Kirchen und Gemeinden.

Die überaus harten Worte in Vers 16 passen nicht zu dem milde lächelnden Jesus unserer längst immunisierten Volksfrömmigkeit. Der Auferstandene spricht schonungslos von Selbstbetrug, während die Gemeinde sich selbstgefällig in der Anerkennung und dem Reichtum der Welt suhlt (17). Gerade in der Schärfe der Anklage beweist Jesus seine Liebe (19). Denn es geht um Leben oder Tod.

Die Aussage in Vers 20 zeigt, daß es eine „christliche" Frömmigkeit gibt, die eine persönliche Anwesenheit Jesu Christi gar nicht mehr zuläßt.

## *Übertragung ins Leben:*

Warm und kalt sind Gegensätze. Lauheit steht irgendwo dazwischen. Ihr fehlt die Eindeutigkeit. Die Möglichkeit, sich sowohl nach der einen als auch nach der anderen Seite eine Tür offenzulassen, macht sie so gefährlich.

Wie wirken wir im Alltag auf andere? Jesus verlangt keine Extreme, sondern Eindeutigkeit. Sind wir durch unsere Worte und das Verhalten klar als Christen erkennbar? Vielleicht vertreten wir mit Vorliebe den vielgerühmten „goldenen Mittelweg". Sein humanistisches Gepräge führt weg von dem einen Weg, Jesus, der in einer pluralistischen Gesellschaft mehr und mehr zum Ärgernis wird. Gemeinden ohne geistliches Gepräge sind leider keine Seltenheit. Sie haben dieser Welt nichts mehr zu bieten, weil sie ihr exaktes Spiegelbild darstellen. Um neue Mitglieder zu werben, locken sie mit religiösen Unverbindlichkeiten. Statt geistlichen Lebens bieten sie eine sogenannte christliche Spiritualität an und enthalten den Menschen damit das Angebot des Heils vor, das längst nicht mehr zu ihrem Selbstverständnis gehört.

## *Gesprächsimpuls:*

In welchen Bereichen leben Sie aus christlicher Überzeugung klar gegen den Trend?

## *Gebetszeit:*

1. Erneuern Sie Ihre Bereitschaft, Jesus in Ihrem Leben den ersten Platz zu geben.
2. Nennen Sie ihm die Bereiche, wo Sie selbst oder Ihre Gemeinde zu angepaßt an die Trends leben.
3. Bitten Sie namentlich für Personen, die nichts (mehr) vom christlichen Glauben wissen wollen.

# Die Bildsprache der Offenbarung

Die Offenbarung gehört zu einer Literaturgattung, die – ähnlich wie die Gleichnisse – bewußt mit Bildern arbeitet. Bilder verhüllen oder erhellen einen Sachverhalt.

Wer beim Bild stehenbleibt, versäumt es, die dahinterliegende Wirklichkeit zu entdecken und muß zu falschen Schlußfolgerungen gelangen.

Viele Bildelemente sind den prophetischen Büchern des Alten Testaments entnommen und hatten für die Empfänger der Offenbarung wahrscheinlich eine klare Bedeutung. Uns fällt es dagegen schwer, „hebräisch", das heißt, in Bildern zu denken und ihre Botschaft zu deuten. Wir sind es gewohnt, Dinge „griechisch", das heißt, abstrakt auszudrücken. Deshalb fällt es uns schwer, Bilder als Informationsträger zu erkennen. Bilder sind in der Tat vielschichtig und weniger exakt als Worte. Dagegen eignen sie sich bestens, Unbekanntes darzustellen. Achten Sie zum Beispiel darauf, wie Johannes die Umgebung Gottes beschreibt. Er gebraucht bekannte Bilder, um damit Unbekanntes zu beschreiben. Damit vermittelt er uns Eindrücke einer Welt, die in jeder Weise unseren Erfahrungshorizont sprengen.

Beachten Sie einen weiteren Sachverhalt, der belegt, daß ein wortwörtliches Verständnis an der Absicht der Offenbarung vorbeigeht. Jesus Christus wird durchgängig als „das Lamm" und in 5,5 auch als Löwe dargestellt. Wenn wir auf der Bildebene stehen bleiben, müßte es in Kapitel 5 konsequenterweise das Buch „aus der rechten Hand dessen, der auf dem Thron saß" mit dem Maul empfangen und die Siegel aufbeißen. Statt dessen heißt es einfach, daß das Lamm die Siegel auftat. Der Sinn des Bildes vom Lamm liegt darin, das Wesen Jesu darzustellen, wie es im Alten Testament durch das Opferlamm vorgezeichnet ist. Im Gegensatz dazu wird der Antichrist mit eingängigen Bildern als mitleidloser Gewaltherrscher dargestellt. Er vereinigt gleich mehrere raubtierhafte Wesenszüge in sich.

Die beabsichtigte Wirkung der Bilder liegt auf der Hand: Das Lamm hat gegenüber der Gewalt von Raubtieren wie Panther, Bär und Löwe keine Chance, und doch bleibt es als Sieger souverän bestehen!

In die Kategorie Bildsprache gehören auch die Angaben von Zahlen, Summen und Maße. Hier handelt es sich in der Regel nicht um „Zählzahlen". Endzeitexperten, die Zeitangaben grundsätzlich mit kalendarisch exakten Daten gleichsetzen, laufen Gefahr, sich gehörig zu verrechnen.

Bei einigen Zahlen sind Christen sich uneins, ob sie wörtlich zu verstehen sind. Das trifft zum Beispiel auf die Zeitangabe „tausend Jahre" zu. Viele sprechen aufgrund von Offb 20, 1–6 von einem tausendjährigen Reich, andere bezweifeln, daß es eine solche Zeitepoche auf der Erde überhaupt geben wird. Sollten wir deshalb versucht sein, einander im Streit unsere Erkenntnisse um die Ohren schlagen, dann gilt es, folgenden Grundsatz des Apostels Paulus beherzigen: „Wenn jemand meint, er habe etwas erkannt, der hat noch nicht erkannt, wie man erkennen soll" (1.Kor 8,2).

# Zahlen in der Bildsprache

Man muß kein geübter Bibelleser sein, um zu erkennen, daß bestimmte Zahlen im Buch der Offenbarung recht häufig vorkommen. Sie gehören zur Ausdrucksweise der Bildsprache, die gegenüber Außenstehenden Informationen verschlüsselt. Diese „Codierung" hat einerseits etwas damit zu tun, daß die Offenbarung in einer Zeit schwerer Verfolgungen entstand, andererseits entspricht sie ganz dem Stil apokalyptischer Literatur.

Ähnlich wie bei einem Gleichnis steht die Zahl für eine Aussage. Nicht sie selbst, sondern das, wofür sie steht, muß erkannt werden, wenn man sie richtig verstehen will. Hier liegt zugleich die Schwierigkeit. Die Bedeutung von Worten ist nach verbindlichen Regeln exakt definiert. Dies ist bei den Sinnzahlen – im Gegensatz zu Zählzahlen – nicht der Fall. Hier gilt es, die eigene Begrenzung zu ertragen und Jesus um Einsicht zu bitten, statt den Mangel durch voreilige Schlußfolgerungen zu überdecken.

Wie stark die Aussagekraft von Sinnzahlen im Denken des Judentums verwurzelt war, zeigt das Festhalten an der Zahl Zwölf als Ausdruck für das Volk Israel , als es diese Zwölfzahl in der Realität schon längst nicht mehr gab (Mt 19,28; Apg 26,7). Die Zwölf als heilsgeschichtliches Ganzes wurde später auch auf die Gemeinde aus Juden und Heiden übertragen (Jak 1,1).

## 3

H. Langenberg* bezeichnet die Drei als Zahl des Vollmaßes. Im Brockhaus-Lexikon wird die Drei als Gott zugeordnete Zahl genannt. Im Zusammenhang mit Gottes Person sind in der Offenbarung die Dreierstrukturen auffallend. Sie begegenen uns jedoch auch schon im Alten Testament (vgl. Jes 6,3).

**Hier einige Beispiele:**

*1,4–6: Gnade sei mit euch und Friede*

1. von dem, der da ist, der da war und der da kommt
2. von den sieben Geistern, die vor seinem Thron sind
3. von Jesus Christus

*welcher ist*

1. der treue Zeuge
2. der Erstgeborene von den Toten
3. der Herr über die Könige auf Erden.

*Ihm,*

1. der uns liebt
2. der uns erlöst hat
3. und uns zu Königen und Priestern gemacht hat

*4,8–11:*

1. Heilig, heilig, heilig
2. Herr, Gott, Allmächtiger (so im griechischen Grundtext)
3. der da war und der da ist und der da kommt

In der Bedeutung des Vollmaßes erscheint die Drei in folgenden Zusammenhängen, 6,6: „drei Maß Gerste für einen Silbergroschen", Kapitel 16,13: „drei unreine Geister, wie Frösche" und 16,19: „aus der großen Stadt wurden drei Teile".

## 3 ½

Die Zahl erinnert an die Zeit der lebensbedrohenden Dürre, die unter Elia 3 ½ Jahre lang dauerte (1.Kön 17; Jak 5,17). Im Buch Daniel wird die Zahl

3 ½ als eine Zeit, zwei Zeiten und eine halbe Zeit beschrieben (Dan 7,25; 12,7). Sie geht unmittelbar dem Ende der Weltzeit voraus. Manche sehen in der 3 ½ als Hälfte von Sieben das verkürzte, das gebrochene Zeitmaß. H. Langenberg dagegen betont, daß die Vollkommenheitszahl Drei durch ein Halbes überschritten wird. Die Zusammenhänge im Alten Testament und in der Offenbarung lassen immerhin die Beobachtung zu, daß diese Zahl in Verbindung mit einer besonderen Bewährungszeit steht.

## 4

„Die Vier ist die symbolische Zahl der Welt nach den vier Himmelsenden, und die Drei ist die symbolische Zahl der vollendeten Offenbarungsidee Gottes. In der Verbindung beider Zahlen miteinander wird das Vollendungsziel auf zweierlei Weise erreicht: durch einfache Zusammenfügung (Addition) der Drei und der Vier ensteht die Sieben, und durch innere Durchdringung der beiden Zahlen miteinander (Multiplikation) entsteht die Zwölf." (H. Langenberg)

Beachtenswert ist, daß sowohl bei den Siegel- als auch bei den Posaunengerichten nach der vierten Einheit jeweils ein Unterbruch ist, dem drei weitere Plagen folgen. Erst mit den drei letzten Siegeln und den drei letzten Posaunen ist das Vollmaß des Gerichtes erreicht.

In Kapitel 7,1 und 20,8 werden vier Engel, vier Winde und die vier Ecken oder Enden der Erde genannt. Vor dem Thron stehen vier Lebewesen, deren Aussehen an irdische Geschöpfe erinnern. Beim Öffnen der Siegel sind es vier Reiter auf ihren Pferden, deren Handeln weltweite Gerichte auslösen, die einem Viertel der Menschen das Leben kosten werden (6,1–8).

## 6

Sechs ist die Zahl, die der Sieben als Zahl der Vollendung vorausgeht.

Mit der Sechs verbindet sich die Ruhelosigkeit des Dienstes (4,8) und das Vorläufige.

In der Offenbarung kommt durch die Zahl Sechs bei den Gerichtszyklen jeweils etwas zu einem vorläufigen Abschluß. Es ist noch nicht das eigentliche Ende. Mit dem Öffnen des sechsten Siegels müssen sich die Menschen vor dem Lamm verantworten. Doch nicht das Klagen der völlig überraschten Menschen ist das letzte, sondern die Gebetsstille im Himmel beim Brechen des letzten Siegels (8,1) .

Beim Klang der sechsten Posaune ist die Frist zur Umkehr abgelaufen. Aber erst bei der siebten Posaune werden Gottes geheimnisvollen Pläne vollendet (10,6–7).

Die sechste Schale, die auf die Erde ausgegossen wird, führt zu einem letzten dramatischen Höhepunkt „am großen Tag Gottes" (16,12–16). Aber erst mit dem Ausgießen der siebten Schale kommt Gottes Zorn zur Ruhe.

Mit der 666 (im Grundtext: „sechshundert, sechzig, sechs"), der „Zahl eines Menschen", scheint die Rebellion des Menschen gegen Gott mit ihrer letzten Ausprägung dargestellt zu sein.

## 7

„Die Sieben zeigt die geschöpfliche Vollendung, die Durchführung der Schöpfungsidee Gottes bis zum Ziele an" (H. Langenberg)

Fast unübersehbar ist die Nennung der Zahl Sieben sowie die Siebenerstrukturen in der Offenbarung. Es werden genannt: sieben Geister Gottes (1,4), sieben Sterne, Leuchter, Gemeinden (1,20), sieben Sendschreiben an sieben Gemeinden (Kapitel 2–3), sieben Siegel, Posaunen, Zornschalen, sieben Engel (8,2), sieben Donner (10,3–4). Das Buch enthält sieben Seligpreisungen ...

**11,9!**

Die Zahl Sieben wird auch im Hinblick auf das Böse gebraucht, das bis zur Vollkommenheit ausreift, ehe Gott richten wird. Der Drache wird ausdrücklich als Zeichen mit sieben Häuptern und Kronen dargestellt (12,3). Und auch das Tier aus dem Meer hat sieben Häupter (13,1; 17,3).

## 10 / 1000

„Zehn ist die Zahl der Reiche dieser Welt (Dan 7,7). Sie ist dreimal mit sich selbst multipliziert. Dies ist die Zahl des dreieinigen Gottes. Weltreich wird zum Gottesreich" (Lutherbibel erklärt). Das Tier aus dem Meer trägt zehn Kronen (13,1), der Drache hat zehn Hörner (12,3), und die Hure sitzt auf einem Tier mit zehn Hörnern (17,3).

Die Tausend spielt bei den Versiegelten (12 mal 12000) in Kapitel 7 eine Rolle. In Kapitel 20 wird sechsmal (siehe unter 6) die Zahl Tausend in Verbindung mit der Herrschaft Christi und der Auferstandenen genannt .

## 12

„Die Zwölf ist die Zahl der Vollendung auf dem Wege der Heilsgeschichte ... Man hat wohl die Zwölf die Bundeszahl genannt. Dieser Ausdruck ist nicht richtig, weil er zu eng ist und nicht das ganze heilsgeschichtliche Werden umfaßt, wozu nicht nur der israelitische Erwählungsbund gehört, sondern auch die Gemeinde Jesu Christi. Auch diese erscheint unter der Signatur der zwölf Apostel." (H. Langenberg)

Die Frau, die Johannes zeichenhaft am Himmel sieht, trägt eine Krone von zwölf Sternen. Die Zwölf läßt an Gottes erwähltes Volk Israel denken und ebenso an die Gemeinde Jesu in ihrer Gesamtheit, die auf die Lehre der Apostel gegründet ist. Die Vollendung des Heils durch Erlöste aus Juden und Nichtjuden steht hinter der Erwähnung der zwölf Tore und zwölf Grundsteine (21,12–14).

Die Zwölferstruktur des himmlischen Jerusalems trägt ganz klar den Charakter von Bildsprache. Dazu gehört auch die Hundertvierundvierzig als Quadratzahl der Zwölf für die Maße der Mauer (21,16.17).

## 144 / 144000

Zwölfmal zwölftausend ist ebenso wenig eine Zählzahl wie die Angabe, siebzigmal siebenmal (Mt 18,22). Für die symbolische Deutung von Kapitel 7,4–8 spricht, daß gesagt wird, die Versiegelten kämen „aus allen Stämmen Israels". Dabei werden die Stämme Dan und Ephraim gar nicht genannt; denn „Zwölf mal Zwölf zeigt die Erreichung des heilsgeschichtlichen Zieles an. Das ist der Fall beim Maß der Mauer (21,17) ... Die Vervielfältigung der 144 mit der Zahl 1000 zeigt die ganze reiche Fülle an. Die Zahlen 144 und 144000 sind also keine arithmetische Größen, die abgezählt werden können, sondern symbolische Werte ..." (H. Langenberg)

* H. Langenberg, „Die prophetische Bildsprache der Apokalypse", Verlag Ernst Franz Metzingen, Würtemberg

# Gottes Thron

## *Zum Text: Offenbarung 4,1–11*

Eine Tür war aufgetan: Johannes erhält Einblick in die sonst unsichtbare Welt Gottes. Dies geschieht nicht dadurch, daß er selbst in irgendwelche Höhen „hinaufsteigt" (1), sondern weil Gottes Geist ihn ergreift. Oben und unten beschreibt keine räumliche Distanz, sondern die Trennung der Heiligkeit Gottes vom Bereich der Sünde.

Mittelpunkt in Kapitel 4 bildet der Thron Gottes. Er wird übrigens zwölfmal genannt.

Vers 5 beschreibt Gottes Gegenwart wie in 2.Mose 19,16 und 20,18. Die sieben Geister Gottes weisen (vgl. 1,4; 3,1) auf den Heiligen Geist hin. Sieben ist die Zahl der Vollkommenheit. Sie taucht auch bei der Beschreibung des Lammes (5,6) auf.

Die geflügelten Gestalten heißen einfach nur „Gestalten". Es handelt sich wohl um Seraphim (vgl. Jesaja 6,2–4). Sie proklamieren Gottes Heiligkeit. Beachten Sie im Gegensatz dazu die Ältesten (4): Ihr Gebet kennzeichnet das vertraute „Du" (9–10). Auffallend ist, daß sie beim Beten Kronen ablegen. Vor Gottes Thron hat Hochmut keinen Raum mehr, weil nur einem alle Würde zukommt: dem Herrn, unserem Gott!

## *Übertragung ins Leben:*

Christen sind heute schon vor Gottes Thron „zu Hause". Noch ist es uns nicht möglich, Gott in seiner Herrlichkeit zu sehen. Aber durch das Gebet haben wir bereits das enorme Vorrecht, bis in seine unmittelbare Gegenwart zu gelangen.

Erlauben wir es dem Heiligen Geist, uns innerlich zu ergreifen (2), damit er uns im Gebet vor Gottes Angesicht führt?

Wieviel mehr geistliche Tiefe hätten wir! Wie ganz anders wäre unser Leben aus dieser Warte der Anbetung geprägt!

## *Gesprächsimpuls:*

Sprechen Sie darüber, was Sie daran hindert, möglichst oft im Gebet vor Gottes Thron zu kommen. Was können Sie unternehmen, daß sich das ändert?

## *Gebetszeit:*

1. Kommen Sie ganz zur Ruhe und beginnen Sie erst zu beten, wenn Sie sich bewußt gemacht haben, mit wem Sie reden!
2. Gebrauchen Sie die Aussagen aus Vers 8 und 11 als Grundlage für Ihre Anbetung. 3. Bringen Sie nun Ihre Anliegen vor, die Sie beschäftigen.

# Niemand ist würdig

## *Zum Text: Offenbarung 5,1–5*

Achtmal taucht in diesem Kapitel der Begriff „Buch“ auf. Es handelt sich genaugenommen um eine Schriftrolle, wie sie in der Antike gebräuchlich war. Die siebenfache Versiegelung deutet darauf hin, daß es sich um ein endgültiges, beglaubigtes Dokument handelt. Kapitel 6 bis 8 der Offenbarung werden zeigen, daß es den Ablauf der Weltgeschichte bis zu ihrem Ende enthält.

Die Frage, wer würdig ist, die Siegel zu brechen und damit die Gerichte der Endzeit in Gang zu setzen, müssen wir im Zusammenhang mit Kapitel 4,11 sehen. Dort beteten die Ältesten: „Herr, unser Gott, du bist würdig“. Gottes Heiligkeit und Allmacht ist das Maß, mit dem in Vers 2 gemessen wird. Das Ergebnis von Vers 3 und 4 besagt: Niemand entspricht so vollkommen Gottes Hoheit und Wesen wie Jesus; denn er hat durch seinen Gehorsam (die Sünde ganz und gar) überwunden (5).

In Vers 5 wird Jesus mit den Titeln genannt, mit denen er im Alten Testament angekündigt wurde. Beachten Sie, daß Jesus am Ende eines jeden Sendschreibens auch von den Gemeinden erwartet, daß sie überwinden.

## *Übertragung ins Leben:*

Ohne Zweifel gibt es Menschen, deren inneren Werte ihnen eine Würde verleihen und sie aus der Masse herausheben. Danken wir Gott dafür, wenn es Personen gibt, die uns oder für unsere Kinder positive Vorbilder sind! Doch der Blick in Gottes Thronsaal hilft uns, die Verhältnismäßigkeit zu bewahren: Zu allen Zeiten haben wir dazu geneigt, Menschen zu vergöttern und ihnen eine Stellung zu geben, die ihnen nicht zusteht. Keiner der „Heiligen“, der großen Philosophen, Politiker, Reformatoren oder der heutigen Mega-Stars kann sich mit Jesus Christus vergleichen. Er allein spiegelt Gottes Wesen vollkommen wieder; denn er blieb ohne Sünde.

## *Gesprächsimpuls:*

Kennen Sie eine Biographie, in der auch die negativen Seiten einer Person dargestellt sind? Wenn ja, welche? Und was haben sie bei Ihnen ausgelöst?

## *Gebetszeit:*

1. Danken Sie Gott namentlich für Personen, die Ihnen Glaubens- oder Lebensvorbilder sind.
2. Prüfen Sie, ob es eine Person gibt, die Ihnen wichtiger ist als Jesus. Wenn nötig, bitten Sie ihn, daß er Ihnen hilft, den betreffenden Menschen willentlich loszulassen.

# *Die Bedeutung des Siegels in der Antike*

*Noch heute kennen wir das Siegel an Notbremse, Feuerlöscher, Computergehäuse, Gasschieber, auf der notariellen Urkunde oder an einem Wohnungseingang. Etwas versiegeln hieß in antiker Zeit ebenso wie heute: eine Sache rechtlich beglaubigen, sie bestätigen, sie (vor Mißbrauch) zu sichern oder für andere unantastbar zu machen.*

*Als man Daniel in die Löwengrube warf, wurde sie abgesichert, um Manipulationen auszuschließen. Aus gleichem Grund wurde das Grab Jesu versiegelt (Dan 6,18; Mt 27,66).*

*Durch Siegelabdrücke wurde Eigentum gekennzeichnet. So tragen viele Lehmziegel in Mesopotamien oder Ägypten die Namen der jeweiligen Könige. Im übertragenen Sinne weist der Heilige Geist die Gläubigen als Gottes Eigentum aus (2.Kor 1, 21–22). Er ist Gottes Siegel und damit eine Garantie dafür, daß Gott alle Zusagen einlösen wird, die er seinem Volk gegeben hat (Eph 1,13).*

*Schriftstücke wurden erst durch den Siegelabdruck zu offiziellen Dokumenten. Sie hatten die Bedeutung einer Unterschrift. So schrieb etwa Isebel Briefe in Ahabs Namen „und versiegelte sie mit seinem Siegel" (1.Kön 21,8).*

*Um Dokumente vor unbefugtem Lesen zu schützen, wurden sie versiegelt (Jes 29,11). Die Siebenzahl der Versiegelung in Offenbarung 5 weist auf Gottes Vollkommenheit hin. Bei zusammengerollten Schriftstücken wurde das Endstück mit der Rolle durch Siegelwachs verklebt. Auf die Außenseite der Schriftrolle befand sich (vor allem bei amtlichen Dokumenten) eine kurze Inhaltsangabe. Damit war sie „innen und außen beschrieben" (5,1). Sie konnte nur durch Brechen der Siegel geöffnet und gelesen werden.*

*Das Brechen der Siegel bei amtlichen Dokumenten war nur der dazu autorisierten Person gestattet. Die Suche vor Gottes Thron nach dem, der würdig ist, die Schriftrolle zu öffnen (Offb 5,2), hat also eine rein juristische Komponente. Wir könnten geneigt sein, „würdig" als charakteristisches Merkmal zu verstehen.*

*Siegel wurden aus Sicherheitsgründen gern als Ringe am Finger getragen (vgl. Hag 2,23). Sie bestanden meist aus Edelsteinen, die von Siegelstechern bearbeitet worden waren (2.Mose 39,6).*

*Eine Spezialität Mesopotamiens war die Herstellung von Rollsiegeln aus Ton. Sie gab es bereits zur Zeit Abrahams und stellten über Jahrhunderte einen Exportschlager des Zweistromlandes dar.*

*Ob als kleine Steinwalze oder als Ring benutzt: ein Siegel schuf auf einem weichen Untergrund stets ein Gepräge mit erhabenen Bildern oder Schriftzeichen, das die Griechen „Charakter" nannten (vgl. Hebräer 1,3; Luther übersetzt hier das griechische Wort „Charakter" mit „Ebenbild").*

# Jesus ist würdig

## *Zum Text: Offenbarung 5,6–14*

Das Bild vom Lamm sagt etwas über das Wesen Jesu aus, nicht über sein tatsächliches Aussehen. Die sieben Hörner symbolisieren die vollkommene Machtfülle und die Augen seine Allgegenwart. Vers 7 beschreibt eine denkwürdige Situation: Das unscheinbare Lamm wird von Gott einzigartig gewürdigt! Johannes ist Augenzeuge dessen, was in Kapitel 1,1 bereits gesagt wurde. Beachten Sie in Vers 8 und 11 die Reaktion in der unmittelbaren Umgebung des Thrones. Im Gegensatz zu Kapitel 4,9–11 fällt hier die unzählbare Schar der Engel in den Lobpreis mit ein. Ein weiterer Unterschied zu Kapitel 4 ist der Lobpreis, der nun nicht an Gott gerichtet wird, sondern an das Lamm. Fällt Ihnen auf, daß die Engel nicht das vertraute „Du" von Vers 9 und 10 gebrauchen? Sie proklamieren die Ehre des Lammes (12). Nach Hebräer 2,16 sind die Engel keine Empfänger der Gnade Gottes, sondern nur Zeugen. Entdecken und staunen Sie über die Parallele von Vers 13 zu den Aussagen in Philipper 2,9–11. „Jedes Geschöpf" steht im Gegensatz zu „niemand" in Vers 3.

Übrigens: In Vers 8 werden die Gebete genannt, durch die wir jetzt schon bis in Gottes unmittelbare Gegenwart kommen.

## *Übertragung ins Leben:*

Wer bei der Anbetung schon Gottes Nähe erlebt hat, kennt etwas von der unbeschreiblichen Herrlichkeit, die von ihm ausgeht.

Ihr werden sich selbst diejenigen nicht entziehen können, die jetzt noch stolz Gott leugnen und sich selbst verherrlichen.

Gott in seiner Allmacht und Herrlichkeit zu kennen, schützt davor, daß wir uns vom Glitzer und der Macht menschlicher Halbgötter blenden lassen. Wer das Original kennt, gibt sich mit billigen Kopien nicht mehr zufrieden.

## *Gesprächsimpuls:*

Von Kaiser Diokletian, der sich als „Herr und Gott" anreden ließ, bis zu Japans Nippon, dem „Großen Führer" aus China oder dem Kult um „Lady Di": Personenkulte weisen meist religiöse Akzente auf. Sie offenbaren den Hang des Menschen nach göttlicher Leitung. Welche Rolle wird er Ihrer Meinung nach in der Zukunft spielen?

## *Gebetszeit:*

1. Reflektieren Sie im Gebet die Aussagen über Jesus, das Lamm, und über die Erlösten!
2. Nehmen Sie sich Zeit, um für Personen zu beten, die Jesus noch nicht als Erlöser anerkennen.

*Lamm (6), Schale (8):* Siehe „Kleines Bildwortlexikon", Seite 71-73

# Die apokalyptischen Reiter

## *Zum Text: Offenbarung 6,1–8*

Das Brechen der Siegel setzt die Ereignisse der Endzeit nach Gottes Plan in Gang. Das Zentrum der Macht liegt in der Hand des Lammes.

Die gewaltige Stimme der vier Gestalten entspricht ihrer Machtstellung (4,6–7). Die apokalyptischen Reiter erhalten von ihnen Befehl.

Wer ist der Reiter auf dem weißen Pferd? Vieles spricht dafür, daß es sich hier um den Antichristen handelt. Er ist dem Reiter in Kapitel 19 sehr ähnlich – und doch so ganz anders. Der Reiter in Kapitel 6 herrscht (beachten Sie die Krone) mit Gewalt (achten Sie auf den Bogen in seiner Hand) über die Völker. Der Reiter in Kapitel 19 dagegen hält ein Schwert und richtet die Völker mit Gerechtigkeit. Sein Gefolge ist das Heer des Himmels. Dem apokalyptischen Reiter folgen jedoch Krieg (4), Hunger (5) und Tod (8). Die Waage in der Hand des dritten Reiters kennzeichnet die mengenmäßige Begrenzung. Gerste und Weizen stehen für die Grundnahrungsmittel. Erstaunlich ist, daß die Luxusgüter Öl und Wein von der Verknappung nicht betroffen sind. Es scheint, daß die Bilder für die sich dramatisch vertiefende Kluft zwischen Arm und Reich stehen.

Das Kommen des dritten Reiters (5) begünstigt Aufstände und Kriege. Der vierte Reiter „Tod“ muß nur noch abräumen.

Es sind Szenarien, die mit bedrückender Intensität zunehmen, aber zugleich das Nahen der kommenden Welt ankünden.

Beachten Sie, daß es in Vers 8 heißt: „Und ihnen (nicht: ihm) wurde Macht gegeben ...“ Die vier Reiter erscheinen nicht nacheinander, sondern zugleich auf der Weltbühne.

## *Übertragung ins Leben:*

Aus einer Studie der Vereinten Nationen geht hervor, daß Hungersnöte überwiegend die Folgen kriegerischer Auseinandersetzungen sind. Hier decken sich die Beobachtung globaler Entwicklungen mit den prophetischen Aussagen der Bibel.

Es ist möglich, daß sich die apokalyptischen Reiter schon auf ihren Streifzug über die Erde aufgemacht haben.

## *Gesprächsimpuls:*

Wie reagieren Sie persönlich auf Krieg, Gewalt und Hunger? Sollten Christen sie nur achselzuckend hinnehmen, weil ja alles so kommen muß?

## *Gebetszeit:*

Sprechen Sie mit Gott über die Antwort aus dem Gesprächsimpuls. Lassen Sie sich zeigen, wie Sie nach Ihren Möglichkeiten den Nöten unserer Zeit begegnen können.

# Schrei nach Gerechtigkeit

## *Zum Text: Offenbarung 6,9–11*

Das fünfte Siegel macht deutlich, daß das Bekenntnis zu Jesus Christus bis zum Ende der Zeit nicht verschwinden wird. Der Herr wird den Christen, „die auch noch getötet werden sollen" (11), die Kraft geben, mit ihrem Leben zu bezahlen. Die Zahl derer, die wegen ihres Bekenntnisses zu Christus sterben werden, liegt nicht im Ermessen der Verfolger. Gott hat ein Limit festgesetzt, das sie nicht überschreiten können.

Johannes sieht die Seelen der Märtyrer in Gottes Nähe (9). Es heißt zwar, daß sie ruhen (11), aber die Getöteten dämmern nicht in einem Seelenschlaf dahin. Im Gegenteil, sie sind aktiv (10). „Der Ruf nach Rache paßt nicht zu Christen", sagte jemand. Doch es ist ja ein Schreien nach Gottes Gerechtigkeit. Weil Gott heilig ist, kann er Ungerechtigkeit nicht billigend dulden. Er muß sie richten. Der Wunsch der Getöteten ist, daß es möglichst bald geschieht. Die weißen Gewänder sind Zeichen der Ehre. Sie überdecken die „Blöße" der körperlosen Seelen (vgl. 2.Kor 5,1–3).

## *Übertragung ins Leben:*

Manchmal erschreckt mich, daß bei Jesus nicht das biologische Überleben seiner Zeugen die oberste Priorität erhält. „Wer überwindet" hat in den Sendschreiben (Offb 2–3) in keinem Fall die Verheißung, mit heiler Haut davonzukommen. Rettung oder Erlösung weist auf das ewige Leben, das, – wenn es sein muß – durch die Schrecken von Leiden oder sogar eines gewaltsamen Todes hindurch muß.

Vers 11 dieses Kapitels zeigt, daß für etliche Christen das Zeugnis für Jesus die Hingabe des Lebens mit einschließt.

Manche christlichen Lieder besingen Gottes unendliche Gnade. Davon ist allerdings in der Bibel keine Rede. Gottes Gnade ist zwar erstaunlich, aber sie hat ein Ende, wenn er richten wird.

## *Gesprächsimpuls:*

Überlegen Sie, in wieweit Ihr Lebensalltag vom Zeugnis für Christus geprägt ist! Welche Nachteile haben sie dafür schon hinnehmen müssen?

## *Gebetszeit:*

1. Danken Sie Gott, daß wir in geordneten freiheitlichen Verhältnissen leben.
2. Bitten Sie um Standhaftigkeit und Ausdauer für diejenigen, die zum Beispiel in islamischen Ländern Jesu Zeugen sind. Nennen Sie nach Möglichkeit konkrete Namen und Anliegen!

---

*Kleider (11):* Siehe „Kleines Bildwortlexikon", Seite 71–73

# Der „liebe Gott“ wird zornig

## *Zum Text: Offenbarung 6,12–17*

Beim Öffnen des sechsten Siegels wird Johannes' Blick zur Erde gelenkt. Gewaltige kosmische Veränderungen zerstören die Ordnungen in der Natur. Es sind Naturereignisse, die das Gericht des Herrn ankündigen (Joel 3,3–5; Matthäus 24,29–31).

Nichts wird bestehen bleiben. Die Ordnung weicht dem Chaos – was bleibt, ist der Mensch in seiner Verantwortung vor Gott. Damit ist der Reiche dem Armen gleichgestellt und der Einflußreiche dem Ohnmächtigen. Sie versuchen, sich durch Flucht aus der Verantwortung vor Gott zu ziehen; denn es ist gekommen, was sie bisher nicht glaubten: „Der liebe Gott“ ist zornig geworden (17).

*Hinweis:* Das Öffnen der sechs Siegel hat bis zu Gottes Gericht geführt. Es folgt endlich die Sammlung der Erlösten (Kapitel 7). Spätere Kapitel greifen zeitlich zurück und beleuchten in Großaufnahmen Einzelheiten der Endzeit. Es sieht so aus, als seien die Ereignisse beim Öffnen der Siegel kurzgefaßte Inhaltsangaben der nachfolgenden Kapitel. Sie waren bei amtlichen Schriftrollen üblich und befanden sich auf der Außenseite des Dokuments (vgl. „Die Bedeutung des Siegels in der Antike“, Seite 21).

## *Übertragung ins Leben:*

Haben Sie sich auch schon der Illusion hingegeben, daß ein Mensch in Todesnot sich Jesus Christus zuwenden müsse? Die Erfahrung mit Sterbenden belehrt uns meist eines anderen. Oft überlagern Schmerz und die Wirkung von Medikamenten alles. Dazu kommt, daß die Ablehnung gegenüber Gott einen Grad der Verstockung erreichen kann, wo ein Umdenken nicht mehr möglich ist. Der Aufschrei, „Fallt über uns, ihr Berge!“ bezeugt den trotzigen Widerstand bis zuletzt. Er dokumentiert die Flucht des Menschen vor Gott, der sich seinem Richter durch den Tod entziehen will. Diese Rechnung geht allerdings nicht auf.

## *Gesprächsimpuls:*

Auf die Frage: „Wer kann vor Gott bestehen?“ (17), werden verschiedene Antworten angeboten – solche die einlullen, andere, die in sektiererische Zwänge führen. Worauf gründet sich Ihre Einstellung?

## *Gebetszeit:*

1. Sprechen Sie mit Gott über die positiven Aspekte seines Zorns.
2. Beten Sie namentlich für Personen in Ihrer Familie oder in der Nachbarschaft, die Gottes Autorität über sich ablehnen.
3. Bitten Sie Gott, Ihnen zu zeigen, wie Sie diesen Menschen positive Anstöße zum Glauben geben können.

# Unter Gottes Schutz

## *Zum Text: Offenbarung 7,1–8*

Die globalen Katastrophen entladen sich gezielt über diese Erde. Gott selbst bestimmt Zeit und Ausmaß des Wirkens der „vier Winde", die den Christen mit jüdischer Herkunft als Verderbensmächte bekannt waren (Jer 49,36; Sach 6,5). Die Kennzeichnung der Gläubigen (3) bewirkt zunächst einen Aufschub des Gerichtes, das in Kapitel 8,6–12 beschrieben wird. Als Eigentum Gottes stehen sie unter seinem Schutz (vgl. 9,4; Hes 9,4–6). Gott schlägt nicht blindwütig drein und trifft diejenigen nicht, die zu ihm gehören.

***Wer sind die Hundertvierundvierzigtausend?***

1. „Knechte Gottes" (3). So werden die Empfänger der Offenbarung in Kap 1,1; 2,20 und 22,3 genannt.
2. Menschen, die durch das Siegel den Namen Jesu und des Vaters tragen (14,1), also Christen jüdischer und heidnischer Herkunft.
3. Personen, „die erkauft sind von der Erde" (14,3) – und nicht speziell aus dem Volk Israel. Für diese Deutung spricht, daß bei der Aufzählung die Stämme Dan und Ephraim fehlen. Gottes Volk Israel bildet mit seiner Zwölfzahl offenbar das Vorbild für die Versiegelten.

Die Zahl 144 000 symbolisiert ein Ganzes. Der Ausdruck „Knechte" spricht hier wie in Kapitel 1,1 und 22,3 von Gläubigen jüdischer und heidnischer Herkunft. 12 x 12000 werden versiegelt (vgl. Kap 21,12.14!), niemand wird übersehen!

## *Übertragung ins Leben:*

In der Kriminaltechnik spricht man vom sogenannten genetischen Fingerabdruck. Mit dessen Hilfe kann Blutsverwandtschaft nachgewiesen werden.

Bei der Verwaltung von Adreßkarteien erleichtern Selektionskennzeichen das Auffinden bestimmter Kundengruppen.

Banknoten können durch ein spezielles Verfahren gekennzeichnet werden, so daß es als Lösegeld, das bei Gewaltverbrechen gezahlt wurde, erkennbar wird.

Die Beispiele menschlicher Selektionskunst erleichtern uns die Vorstellung, daß Gott in vollkommener Weise – und für uns unsichtbar – für alle sorgt, die zu ihm gehören – auch wenn es durch Leiden und den gewaltsamen körperlichen Tod geht.

## *Gesprächsimpuls:*

„In ihm seid auch ihr, als ihr gläubig wurdet, versiegelt worden mit dem heiligen Geist, der verheißen ist, welcher ist das Unterpfand unseres Erbes zu unsrer Erlösung" (Eph 1,13–14). Welche Bedeutung hat diese Aussage für Sie persönlich?

## *Gebetszeit:*

Sprechen Sie mit Gott über das, was Ihnen heute neu von Bedeutung geworden ist.

---

*Meer (2):* Siehe „Kleines Bildwortlexikon", Seite 71–73

# Am Ziel angelangt

## *Zum Text: Offenbarung 7,9–17*

Vers 9: Wovon Johannes in Vers 4 nur gehört hat, das sieht er nun: Die Schar der Christen, die auf der Erde stets eine Minderheit bildete, wird in Gottes Welt unzählbar sein. Die „Kamera“ schwenkt von der Erde (1) zum Himmel vor den Thron (9). Wie im Film werden Einzelheiten aus dem Leben dieser Menschen ausgespart. Wichtig ist allein: Sie haben das Ziel erreicht!

Vers 10–12: Achten Sie darauf, was die Erlösten sagen. Zusammen mit den vier Gestalten und den Ältesten beten sie an, statt darüber zu klagen, wieviel Gott ihnen zugemutet hat. Die überwältigende Nähe Gottes läßt alle irdische Mühsal vergessen.

Johannes sieht die große Menschenmenge als Erlöste in ihrer Vollendung (9). Die Spuren von Leid und Schuld aus der Vergangenheit sind ausgelöscht. Man sieht den Menschen nicht an, woher sie kommen; deshalb muß Johannes die Frage an den Ältesten zurückgeben (14). Diese Menschen haben an Jesus Christus geglaubt. Dabei waren sie keineswegs Heilige, sondern Sünder. Das wird aus der Tatsache deutlich, daß sie die Vergebung durch Jesu Blut nötig hatten und ihre „Kleider“ waschen mußten (14).

## *Übertragung ins Leben:*

Jetzt ist unser Engagement für Gott noch mit Mühsal, Mangel und Enttäuschungen verbunden (17b).

Lesen Sie die Verse 15–17 und übertragen Sie die Aussagen in Ihre Situation. Was wird sich alles ändern? Welche Sorgen oder Lasten werden nicht mehr sein, wenn Sie vor Gottes Thron stehen werden?

Lassen Sie diese Zukunftsperspektiven in Ihre Gegenwart hineinleuchten! Schreiben Sie das auf, was Sie ermutigt!

## *Gesprächsimpuls:*

In Vers 14 wird gesagt, was Jesus für diejenigen getan hat, die um seinen Thron stehen. In Vers 15 sehen wir die Erlösten: Sie dienen ihm nun „vor dem Thron“. Auf welche Weise drücken wir im Alltag unseren Dank an Gott aus?

Lesen Sie dazu Römer 12,1–2!

## *Gebetszeit:*

1. Reihen Sie sich in Gedanken in den Kreis der Anbetenden ein und beten Sie den Lobpreis (12) mit. Sagen Sie Jesus, was seine Nähe und die Zukunft, die er uns gewährt, Ihnen bedeutet.
2. Reden Sie mit Gott auch über Ihre Probleme in der Gemeinde oder am Arbeitsplatz.

# Wenn Christen beten

## *Zum Text: Offenbarung 8,1–5*

Rauch ist nur für kurze Zeit zu sehen. Er steigt auf und verflüchtigt sich. Ähnlich ist es mit dem Gebet: Es ist so schnell ausgesprochen. Aber es gelangt doch – unserer Beobachtung entzogen – bis unmittelbar vor Gottes Thron.

Achten Sie auf das Räuchergefäß! Zunächst wird es mit Gebeten und Räucherwerk gefüllt, und dann mit Feuer. Nach der Stille bricht der Sturm los.

Das siebte Siegel führt uns zeitlich hinter die Ereignisse von Kapitel 7 zurück. Noch stehen Himmel und Erde in einem Gegensatz. Die Zahl derer, die Gottes Herrschaft anerkennen und für sich persönlich bejahen, ist noch verhältnismäßig gering. Sie stehen durch ihre Gebete mit Gott in Kommunikation und wissen, daß er sich aufmacht, die Rebellion der Menschheit unter der Herrschaft des Satans niederzuschlagen.

Fassen wir deshalb hier einmal zusammen: Kapitel 6 wird vom Thema Zorn beherrscht. In Kapitel 7 sehen wir diejenigen, die überwunden und das Ziel erreicht haben. In den Kapiteln 8 und 9 wird die Zeit noch einmal zurückgedreht. Es werden jene Katastrophen dargestellt, die jeweils „nur" ein Drittel ihres Vernichtungspotentials entfalten. Es wird von gewaltigen Zerstörungen der Umwelt und dem Einbruch der Finsternis berichtet. Doch der Höhepunkt ist noch nicht erreicht ...

## *Übertragung ins Leben:*

Ein Abschnitt, der Gebetsmüde wieder munter machen kann. Jesus gewährt uns einen Blick hinter die Kulissen des sichtbaren Geschehens. Wir entdecken in diesem Abschnitt der Offenbarung, daß Gott unsere Gebete annimmt.

Es sind die Gebete „aller" Gläubigen, die zusammen mit dem Duft des Räucherwerks vor Gott aufsteigen. Das heißt: Wir haben ohne Unterschied alle ein Rederecht vor Gott. Niemand ist zu unwürdig, um nicht auch vor den Thron der Gnade zu kommen. Warum ist das so? Weil Christen „Heilige" sind – oder besser: durch Jesu Blut mit Gott im reinen sind. Diese Tatsache beschreibt mit Sicherheit nicht unseren inneren Zustand, aber doch unsere Stellung. Sollten wir da schweigen, statt Gott anzubeten?

## *Gesprächsimpuls:*

Bedenken Sie diesen Abschnitt der Offenbarung im Hinblick auf Ihr persönliches Gebetsleben, und sprechen Sie über das, was Sie ermutigt.

## *Gebetszeit:*

Stellen Sie sich die Aussage von Vers 4 vor Augen, wenn Sie mit Gott sprechen!

# *Jesus Christus in der Offenbarung*

*Es ist aufschlußreich, die vielen alttestamentlichen Aussagen über Jesus Christus in der Offenbarung zu entdecken. Vieles, was im ersten Teil der Bibel prophetisch über ihn mitgeteilt wurde, wird uns im letzten Buch der Bibel als geistliche Realität vor Augen geführt. Er ist die zentrale Person in Gottes Plan für uns Menschen. Der Vergleich mit den Bezugsstellen führt auch zu einer vertieften Erkenntnis der Prophetie im Alten Testament.*

| | | |
|---|---|---|
| 1,6 | Er hat uns zu Königen und Priestern gemacht | 2.Mose 19,6 |
| 1,7 | Siehe, er kommt mit den Wolken | Dan 7,13 |
| | und es werden ihn sehen(alle Augen und) alle, die ihn durchbohrt haben, und (es werden) wehklagen um seinetwillen | Sach 12,10 |
| 1,13 | einem Menschensohn gleich | Dan 7,13 |
| | um die Brust mit einem goldenen Gürtel | Dan 10,6 |
| 1,14 | sein Haar weiß wie weiße Wolle | Dan 7,9 |
| 1,14 | seine Augen wie eine Feuerflamme | Dan 7,9 |
| 1,15 | seine Füße wie Golderz | Dan 10,6 |
| 1,15 | seine Stimme wie großes Wasserrauschen | Hes 1,24 |
| 1,17 | Fürchte dich nicht! Ich bin der Erste und der Letzte! (22,13) | Jes 44,2.6 |
| 3,7 | der da hat den Schlüssel Davids, der auftut, und niemand schließt zu, der zuschließt und niemand tut auf | Jes 22,22 |
| 3,14 | der treue Zeuge | Psalm 89,38 |
| 3,19 | Wen ich liebe, den weise ich zurecht | Spr 3,12 |
| 5,5 | Der Löwe aus dem Stamm Juda | 1.Mose 49,9 |
| 5,5 | der Sproß aus der Wurzel Davids | Jes 11,10 |
| 5,6 | ein Lamm (wie) geschlachtet | Jes 53,7 |
| 5,6 | sieben Augen ... über die ganze Erde | Sach 4,10b |
| 5,12 | das Lamm, das geschlachtet ist | Jes 53,7 |
| 6,17 | es ist gekommen der große Tag ihres Zorns, und wer kann bestehen? | Joel 2,11; Nah 1,6 |
| 7,17 | (das Lamm) wird sie weiden und führen zu den Quellen | Ps 23,2 |
| 11,15 | unseres Herrn uns seines Gesalbten (oder: Christus) | Ps 2,2 |
| 12,7 | sie gebar einen Sohn | Jes 7,14; 9,5 |
| | (der alle Völker weiden sollte) mit eisernem Stab | Ps 2,9 |
| 14,14 | Und ich sah, und siehe, eine weiße Wolke. Und auf der Wolke saß einer, der gleich war einem Menschensohn | Dan 7,13 |
| 15,3 | Groß und wunderbar sind deine Werke | 2.Mose 15,11 |
| 15,4 | (Ja) alle Völker werden kommen und anbeten vor dir | Ps 86,9 |
| 17,14 | es ist der Herr aller Herren und der König aller Könige | 5.Mose 10,17 |
| 19,11 | er richtet und kämpft mit Gerechtigkeit | Ps 96,11 |
| 19,12 | Seine Augen sind wie eine Feuerflamme | Dan 10,6 |
| 19,15 | Und aus seinem Munde ging ein scharfes Schwert, und er wird regieren mit eisernem Stab | Jes 11,4; 63,2; Ps 2,9 |
| 19,16 | König aller Könige und Herr aller Herren | 5.Mose 10,17 |
| 22,7 | Siehe, ich komme (bald) | Sach 2,14 |

# Zerstörte Umwelt –

*Zeichen des nahenden Endes*

## *Zum Text: Offenbarung 8,6–13*

Die ersten vier Posaunengerichte treffen den Lebensraum des Menschen (vgl. mit 7,3!): Zerstörte Wälder durch sauren Regen (7), das Meer verpestet durch Schiffskatastrophen (8), verseuchte Flüsse durch Chemikalien und Unfälle in Kernreaktoren (10), ein verfinsterter Himmel durch brennende Ölfelder (12): Spricht Johannes in diesem Abschnitt über Umweltkatastrophen unserer Gegenwart? Möglich. Immerhin sind Verwüstungen von solch riesigen Ausmaßen durchaus vorstellbar.

Beachten Sie, daß die Katastrophen von Gottes Gerichtsengeln in Gang gesetzt werden. Es mag sein, daß sie der Mensch durch sein rücksichtsloses Verhalten auslöst und Gott sie nutzt, um die Menschheit wachzurütteln. Unsere Bemühungen, die Welt wieder „in den Griff zu bekommen", müssen letztlich scheitern, wenn wir nicht bereit sind, umzukehren und nach Gottes Maßstäben zu leben (9,20–21). Die Zerstörung der Umwelt ist ein augenfälliger Ausdruck einer zerstörten Beziehung zu Gott.

## *Übertragung ins Leben:*

Kommunen ersticken in dem Müll, den wir täglich produzieren. Hochgiftige Abfälle werden verschoben, weil keiner weiß, wohin damit. Kernreaktoren bilden tickende Zeitbomben, und die Natur geht durch die Rücksichtslosigkeit des Menschen langsam zugrunde. Als Beispiel mag der Aralsee in Zentralasien gelten: Einst bildete er ein gigantisches Binnenmeer. Heute hat er von spärlichen Zuflüssen gespeist nur noch einen Bruchteil seiner Größe. Wo früher Schiffe fuhren, suchen nun Kamele nach den wenigen Grashalmen. Der versteppte Boden wird mitsamt seinen hochgiftigen Ablagerungen vom Wind davongetragen. Hautleiden, Krebs, Atembeschwerden und Siechtum prägen den Alltag in jener Region. Nur wer sich blind stellt, leugnet einen Zusammenhang zwischen den Zeitzeichen der Gegenwart und den apokalyptischen Ereignissen, die im letzten Buch der Bibel geschildert werden.

## *Gesprächsimpuls:*

Welchen Stellenwert haben für Sie ökologische Programme zum Schutz unserer Umwelt oder soziales Engagement für Schwache? Erstellen Sie für sich eine Prioritätenliste und überlegen Sie, ob und welche Korrekturen angebracht sind.

## *Gebetszeit:*

1. Sprechen Sie mit Gott über Ihre Lebensschwerpunkte. Bitten Sie ihn, Ihnen zu zeigen, welche Pläne er mit Ihnen hat.
2. Bekennen Sie Jesus, wo Sie den Eindruck haben, daß Sie nicht so leben, wie es Ihrer Erkenntnis entspricht.

# Gott unterscheidet

## *Zum Text: Offenbarung 9,1–12*

Bernhard Philbert, ein französischer Wissenschaftler, sieht in diesem Abschnitt das Szenario eines Nuklearkrieges: Atombomben, die aus unterirdischen Silos fahren (1–2), aber auch Panzer und Bomber mit ihrer tödlichen Fracht (7–10). Denkbar ist so etwas.

Ebenso ist möglich, daß Johannes den Einbruch dämonischer Heere beschreibt. Der Abgrund (1) – das Gefängnis der bösen Geister – wird geöffnet. Wie flüchtende Verbrecher erfüllen sie den Luftraum der Erde (vgl. Eph 2,2!), um sich der Menschen zu bemächtigen, die nicht Gottes Siegel tragen (4). Wurde in Kapitel 7,3 der Aspekt des Aufschubs betont, so steht hier die Beschränkung des Gerichtshandelns im Vordergrund

Beachten Sie die dämonisierte Reaktion der Menschen auf die starken körperlichen Schmerzen: Statt nach Heilung sehnen sie sich nach dem Tod. Das Heer des „Verderbers" (11) zeigt Wirkung. Aber das ist erst der Anfang. Der Abgrund hält noch größere Schrecken bereit: das Tier, das aus dem Abgrund steigt (11,7; 17,8).

## *Übertragung ins Leben:*

Gott wird unterscheiden zwischen denen, die sein Eigentum sind und denen, die ihn auch weiterhin nicht anerkennen wollen. Daß bestimmte Personen inmitten schrecklicher Ereignisse bewahrt bleiben, hat geschichtliche Vorbilder: Noah überlebte mit seiner Familie die Flutkatastrophe. Lot und seine beiden Töchter entgingen der Zerstörung von Sodom und Gomorra. Das Volk Israel ist von den Plagen über Ägypten nicht betroffen gewesen. Wie können wir oder unsere Kinder Gottes gnädiges Handeln erleben? Schreiben Sie Ihre Antwort auf und sprechen Sie mit anderen darüber.

## *Gesprächsimpuls:*

Christen sind jetzt noch wie andere Menschen auch ohne Unterschied von Krankheit, Arbeitslosigkeit, Unfall und Tod betroffen. Wie gehen Sie damit um?

## *Gebetszeit:*

1. Danken Sie Gott dafür, daß er nicht blindlings dreinschlägt, sondern diejenigen bewahrt, die ihm vertrauen.
2. Sprechen Sie mit ihm aber auch darüber, wenn sich Ihre Vorstellungen über Bewahrung nicht mit den Fakten Ihres Alltags decken.
3. Bitten Sie namentlich für Personen, die durch Krankheit oder Leid schwer geprüft sind.

# Trotzdem bekehrt sich niemand

## *Zum Text: Offenbarung 9,13–21*

Den Gerichtsengeln waren bisher „die Hände gebunden“, denn der Zeitpunkt ihres Wirkens ist bis auf die Stunde genau festgelegt (15). Diese Bemerkung vermittelt uns die Gewißheit, daß Gott die Welt nicht aus dem Ruder gelaufen ist. Er herrscht souverän und kommt zum Ziel. Halten Sie daran fest!

Das Bild des unzählbaren Heeres im Gefolge der Engel bleibt rätselhaft. Manche wollen darin die Beschreibung eines Krieges mit modernen Waffen erkennen. Klar ist, daß die Plagen der sechsten Posaune das letzte begrenzte Gericht der Offenbarung ist: Zwölfmal war bei den vier ersten Posaunengerichten davon die Rede, daß jeweils „der dritte Teil“ der Schöpfung betroffen war. Nun wird der dritte Teil der Menschen getötet (15.18).

Gott versucht, durch die Gerichte die Menschen zur Einsicht zu bringen (20–21). Sie sollen sich von der Gottlosigkeit ab- und zu ihm hinkehren. Es ist erstaunlich, daß der Allmächtige auch die Würde des rebellischen Menschen achtet. Gott erzieht mit harten Strafen, aber er zwingt niemanden, ihm zu dienen.

## *Übertragung ins Leben:*

Todesopfer in Millionenhöhe sind im Zeitalter von „Overkill“-Kapazitäten (gemeint ist die Fähigkeit der mehrfachen Vernichtung des Gegners) durchaus reale Vorstellungen. Nach heutigem Stand wären von dem Gericht in Vers (18) zwei Milliarden Menschen betroffen – zwei Milliarden zuviel.

Vielleicht fragen Sie: Ist Gott nicht ungerecht, daß er den Tod so vieler Menschen zuläßt? Lesen Sie dazu Jesaja 26,9–11).

## *Gesprächsimpuls:*

**Ist Gott ungerecht?**

Ja, wenn wir auf dem Standpunkt beharren, Gnade sei etwas, was Gott uns schuldig ist.

Nein, wenn wir erkennen, daß Gott inmitten seines Gerichtshandelns eine unerklärlich große Geduld zeigt.

Welche Antwort entspricht eher Ihrer Auffassung – oder kommen Sie zu ganz anderen Schlußfolgerungen?

## *Gebetszeit:*

Sprechen Sie vor Gott die Gedanken aus, die Sie jetzt bewegen.

# Keine Zeit mehr

## *Zum Text: Offenbarung 10,1–11*

Das Reden der sieben Donner ist nur für Johannes' Ohren bestimmt (4). Offensichtlich haben die Ereignisse in Vers 1–4 und 8–11 den Zweck, den Apostel zu stärken (vgl. Hes 3,1–3). Die Wirkungen des Büchleins verdeutlichen Lust und Last des prophetischen Auftrags.

Vers 5–7: Durch den Schwur des machtvollen Engels wird die bedeutende Nachricht vom Ende eines Zeitablaufs bekanntgegeben. Ein Geheimnis! Was kann gemeint sein? Im Neuen Testament wird von vier endzeitlichen Geheimnissen gesprochen:
1. Die Heiden sind mit Israel Erben der Zusagen Gottes (Eph 3,1–6);
2. Israels Verstockung ist begrenzt (Römer 11,25);
3. der Antichrist als Vollendung der Bosheit (2.Thess 2,7) und
4. das Geheimnis der Verwandlung der Lebenden, wenn Jesus als Richter und Herr kommen wird (1.Kor 15,51).

Wenn die siebte Posaune der Offenbarung mit der „letzten Posaune" (1.Kor 15,52) identisch ist, betrifft die Ankündigung in Vers 7 die Aufrichtung der sichtbaren Herrschaft Jesu. Die Ereignisse in Kapitel 11 sprechen ganz für diese Deutung!

Gott wird seine Pläne zum Ziel bringen, so wie er sich durch sein Wort festgelegt hat.

## *Übertragung ins Leben:*

„Zeige mir Gott, wenn ich an ihn glauben soll." Solche oder ähnliche Forderungen stellen oft Menschen, die bezweifeln, daß es Gott gibt. Glauben hat es mit einer Haltung des Vertrauens zu tun, die wir dem für uns unsichtbaren Gott entgegenbringen (1.Petr 1,8).

Wenn Jesus wiederkommt, wird die Zeit mit dem Angebot des Glaubens vorbei sein. Dann wird der Unglaube, der sich verweigert und nach Beweisen verlangt hat, als Rebellion gegen Gott entlarvt.

## *Gesprächsimpuls:*

In welcher Weise ist für Sie die Botschaft der Bibel „süß wie Honig", aber zugleich auch „bitter"?

## *Gebetszeit:*

1. Danken Sie Gott für die Bibel. Sagen Sie ihm, was sein Wort Ihnen bedeutet!
2. Bitten Sie Gott, daß er Ihnen Weisheit gibt, die Zeit gut zu nutzen, in der er seine Gnade anbietet.
3. Überlegen Sie im Gebet, wie Sie Jesus Christus glaubwürdig bezeugen können.

# Gottes Baupläne

## *Zum Text: Offenbarung 11,1–14*

Der Tempel in Jerusalem ist zu der Zeit, als Johannes die Offenbarung empfängt, bereits dem Erdboden gleichgemacht und Jerusalem zerstört. Johannes wird nicht aufgefordert, ein neues jüdisches Tempelgebäude auszumessen. Sollte Gott dem Johannes Zusagen an Juden geben, die den Messias ablehnen und Tieropfer auf dem Altar darbringen würden?

Eher kann folgendes gemeint sein: Hier wird Gottes Tempel, die Gemeinde aus Juden und Nichtjuden (1.Kor 3,16), durch das Messen nach außen hin abgegrenzt und – ähnlich wie bei Kapitel 7 – unter Gottes Schutz gestellt; denn die Zeit der Zuspitzung dämonischer Bosheit bricht mit den 42 Monaten an. Übrigens: Die Zeit der Entfaltung des Antichristen wird stets in Monaten angegeben (13,5) während sie in Bezug auf das Zeugnis und Überwinden der Gemeinde in Tagen genannt ist (11,3; 12,6). Damit wird die täglich erfahrbare Nähe Gottes zu seiner bedrängten Gemeinde unterstrichen.

Vers 3–6: Die Taten der beiden Zeugen erinnern an Elia und Mose (vgl. 1.Kön 17,1; 2.Mose 7,19–20). Der Schwerpunkt ihres Wirkens bildet nicht das Angebot der Gnade, sondern Gericht, als Aufforderung zur Umkehr. Ihr Auftreten fällt unmittelbar vor Jesu Wiederkunft (11,15–17).

Vers 7–10: Der Tod der beiden Zeugen ist nur scheinbar ein Sieg. Denn nun steht der satanischen Diktatur durch das „Tier" (7) nichts mehr im Weg (vgl. 2.Thess 2,6–7). Inwieweit „Gott die Ehre geben " (13) tatsächlich eine Umkehr darstellt, bleibt offen.

## *Übertragung ins Leben:*

Wir leben in einer pervertierten Welt! Gottes Reden wird heute schon als lästige Einmischung empfunden. Die Abkehr von Gott in allen Bereichen des Lebens gilt als Fortschritt. Dabei stürzt sie die Menschheit in ausweglose Probleme. Beispielhaft dafür steht in unserer Gegenwart die Orientierungslosigkeit der Ethik : Sex ist zur Ware geworden, die hemmungslos verkauft wird. Aber man weigert sich, diesen Tatbestand in einem Zusammenhang zunehmender Sexualdelikte zu sehen.

## *Gesprächsimpuls:*

Wie erklären Sie sich, daß Gott den Tod seiner letzten prominenten Zeugen zuläßt?

## *Gebetszeit:*

1. Beachten Sie in Ihrer Gebetszeit die positiven Aspekte in Vers 11–12! Danken Sie Gott, daß er der Herr über Leben und Tod ist.
2. Beten Sie gezielt für Personen, die bedroht werden, weil sie Jesus bezeugen.

# Endlich!

## *Zum Text: Offenbarung 11,15–19*

Halten Sie einen Moment inne und lassen Sie die Erhabenheit dieses Augenblicks auf sich wirken! Der Zeitpunkt ist gekommen, an dem Jesus seine Herrschaft sichtbar auf der Erde aufrichtet (15). Welche Bedeutung hat dieses Ereignis für die Menschen?

1. Lohn: Lesen Sie den Lobpreis in Vers 17, und vergleichen Sie ihn mit den Aussagen in Kapitel 1,4.8. Ist Ihnen aufgefallen, daß die auf die Zukunft ausgerichtete Aussage, „... und der da kommt" hier erfüllt ist? Mit dem Blasen der letzten und siebten Posaune ist Jesus Christus gekommen. Halleluja!
2. Zorn: In Vers 14 ist das dritte „Wehe" angekündigt worden. Es ist nun eingetroffen, obwohl es hier nicht erwähnt wird (vgl. 8,13). Jesus wird diejenigen richten, die nicht zu „deinen Knechten, den Propheten und Heiligen" gehören. Vers 18 greift auf, was in Psalm 2 prophetisch vorausgesagt wurde.

Der Tempel im Himmel ist offen. Die Bundeslade, die bisher so sorgfältig vor den Blicken der Menschen verborgen war, ist nun für alle sichtbar. Vielleicht bedeutet dieses Bild, daß die Gläubigen von nun an auch leibhaftig Zugang zu Gottes Thron haben. Die Aussage in Vers 19 wird in Kapitel 15,5 erneut aufgegriffen.

## *Übertragung ins Leben:*

Noch leiden wir an den vielen Unvollkommenheiten: Jesus ist zwar Herr, aber von seiner Herrschaft ist noch wenig sichtbar. Wir sind erlöst, aber noch haben wir mit unseren Schwächen zu kämpfen. Dieser Zustand wird beim Ertönen der siebten Posaune aufhören. Diejenigen, die jetzt angeblich nur auf das Jenseits vertrösten, haben dann allen Grund zum Jubel. Dann wird sich zeigen, daß es sich gelohnt hat, am Glauben durch Bekenntnis und Handeln festzuhalten; denn an jenem Tag ist auch der Zeitpunkt gekommen, an dem Jesus Christus seine Leuten belohnt und die anderen bestraft (18).

## *Gesprächsimpuls:*

In welcher Weise berührt die Erwartung auf Jesu Lohn Ihre geistliche Motivation?

## *Gebetszeit:*

1. Danken Sie Gott, daß er durch Jesu Wiederkunft dem Leid auf dieser Erde ein Ende macht. Nehmen Sie die Vers 15 und 17 als Vorlage, wenn Sie möchten.
2. Sprechen Sie mit Jesus Christus über unser Volk, das gegenüber Gott ebenfalls „zornig geworden" ist und in der Mehrheit seine Herrschaft ablehnt.

# *Die Darstellung von Zeitabläufen*

**Die Endzeit hat schon begonnen**
Die Offenbarung wäre leichter zu verstehen, wenn sie die Ereignisse in zeitlich geordneter Folge darstellte. Dann würden auf den ersten Seiten die frühen Ereignisse berichtet und auf den nachfolgenden all das, was später folgt. Tatsächlich ist es aber so, daß man immer wieder den Eindruck hat, bei einzelnen Abschnitten bereits vom Ende dieser Weltzeit zu lesen.

Die Frage, in welcher Periode der Offenbarung wir uns gegenwärtig befinden, ist deshalb nicht mit einem Hinweis auf ein bestimmtes Kapitel der Offenbarung zu beantworten. Nach biblischer Sichtweise hat die Endzeit mit der Rückkehr Jesu zum Vater begonnen (1.Joh 2,18). Die Zeichen des nahenden Endes, wie Erdbeben, Kriege und Hungersnöte sind an sich nicht neu. Es sind vielmehr ihre zunehmende Dichte und die weitreichenderen Auswirkungen, die ihnen endzeitliches Gepräge geben. Sie gleichen damit Wehen, die kurz vor einer Geburt zunehmen und heftiger werden (Mt 24,8).

**Alles zielt auf die Erfüllung der Geschichte**
Die Darstellung des Geschehens in der Offenbarung zielt stets auf die Ankunft Jesu Christi als Herr und Richter hin. Die Gerichtsperioden, dargestellt durch Siegel-, Posaunen- und Zornesschalen, enden deshalb übereinstimmend bei diesem Ereignis. Dabei liegt jeweils am Schluß einer Gerichtsserie der Beginn einer neuen verborgen. Der neue Zyklus knüpft indes mit den Ereignissen zeitlich nicht am Schlußpunkt der vorausgegangenen an, sondern führt erneut dahin. Das Nacheinander in der Darstellung entspricht also keiner zeitlichen Aufeinanderfolge. Chronologische Übersichten der endzeitlichen Ereignisse müssen unbefriedigend bleiben, weil sie der Darstellungsweise in der Offenbarung nicht gerecht werden.

Am besten läßt sich der dreifache Aufbau von Siegel- Posaunen- und Schalengerichten an der Funktionsweise eines Teleskops vergleichen. Die einzelnen Rohre sind Teil eines Ganzen und bleiben doch voneinander unterschieden. Da sie ineinander liegen, sind sie erst zu sehen, wenn sie ausgezogen werden. Je nachdem, ob und wieweit sie herausgezogen werden, treten Details schärfer ins Blickfeld.

**Die Siegel: Gott ist der Handelnde**
Bei dem Brechen der Siegel wird deutlich, daß Unterdrückung, Kriege, Seuchen und Hungersnöte zu Gottes Gerichten über diese Welt gehören. Ihm sind die globalen Entwicklungen also keineswegs aus der Hand geglitten. Diese erste Gerichtsserie endet beim sechsten Siegel damit, daß die Menschen sich vor dem Lamm verantworten müssen (6,16–17). Das siebente Siegel beinhaltet die nächste Gerichtsfolge, die durch Posaunen eingeleitet wird.

**Die Posaunen: deutliche Warnsignale!**
Beim Öffnen der Siegel ist klar geworden, wer die Autorität hat und

hinter den Kulissen der sichtbaren Welt Regie führt. Mit dem Blasen der Posaunen ist eine deutliche Signalwirkung verbunden. Sie wird dadurch verstärkt, daß nach der vierten Posaune ein „Wehe!“ folgt.

Ein vorläufiger Höhepunkt ist beim Signalton der sechsten Posaune erreicht. Das Ende der Zeit (griechisch: Chronos) und die Vollendung von Gottes Plan wird angekündigt (10,6–7). Das ist der Termin, an dem Gott und Christus die Herrschaft über diese Erde übernehmen und mit den Völkern abrechnen werden. (11,15–18).

### Die Schalen: Verstockung und Zorn

Allen drei Gerichtseinheiten ist gemeinsam, daß sie in den „Tag des Zorns“ münden (vgl. 6,17;11,18; 16,19). Mit dem Ausgießen der Schalen tritt Gottes Zorn über diese Erde jedoch nicht erst mit dem Abschluß der Gerichtsserie hervor, sondern gleich von Anfang an; denn die Menschen haben bei den vorausgegangenen Gerichtsperioden die Gelegenheit nicht genutzt, umzukehren und ihm die Ehre zu geben (9,20;16,9).

### Detailaufnahmen

Anders als bei einer linearen Darstellung werden in der Offenbarung jeweils bestimmte Details in den Vordergrund gerückt. Dies geschieht augenfällig in den folgenden Kapiteln:

### Kapitel 7

In die Periode der Siegelgerichte gehört die Schau von den Versiegelten. Sie bewahrt diejenigen, die zu Gott gehören, nicht vor den Bedrängnissen durch Menschen. Aber sie kennzeichnet sie als Eigentum Gottes, das von den dämonischen Mächten nicht angetastet werden darf (8,4)!

### Kapitel 14, 17 und 18

Der Schwerpunkt der Darstellung liegt auf der Ankunft des Menschensohns als Richter. In Vers 8 wird zum Beispiel nur ganz kurz die Zerstörung von „Babylon“ mitgeteilt. Hier ist zunächst einfach das Ergebnis wichtig. In Kapitel 16,17f. erfahren wir, daß das Ende Babylons durch das Ausgießen der letzten Zornesschale verursacht wird. Die Kapitel 17 und 18 geben sozusagen einen Filmrückblick. Er dokumentiert den religiösen Charakter jenes endzeitlichen Systems. Würde man die einzelnen Kapitel einander auf einer Zeitschiene zuordnen, dann könnte man den Jubel von Kapitel 19,1–3 zwischen Vers 8 und 9 von Kapitel 14 plazieren.

### Kapitel 19

Endlich ist der Zeitpunkt gekommen, an dem Jesus mit seiner Gemeinde die Herrschaft antritt. Bei einer Hochzeit wird die Beziehung von Braut und Bräutigam öffentlich und rechtlich wirksam. Sie stellt den Schnittpunkt zwischen dem einst und jetzt dar. Bisher bildete die Gemeinde eine bedrängte oder zumindest geduldete Minderheit. Nun wird sie mit Christus regieren. Das wird in Kapitel 20 weiter entfaltet. Hier liegt die Betonung eher auf dem starken Kontrast: Die Gläubigen haben am Ende der Weltzeit eine herrliche Zukunft vor sich. Aber diejenigen, die „das Wort Gottes“ so beharrlich abgelehnt haben, werden bestraft.

# Bedroht und bewahrt

## *Zum Text: Offenbarung 12,1–9*

Zeichenhafte Darstellungen stehen für eine Realität. Die hier berichteten Ereignisse sind Bilder einer Wirklichkeit, die uns zum Teil aus der biblischen Geschichte vertraut sind. Einerseits erhalten wir Einblick, mit welcher Zielstrebigkeit der Teufel uns seine Engel Jesus vernichten will (5). Er ist der Durcheinanderwerfer (griech: Diabolos) und ein „Mörder von Anfang an" (Joh 8,44).

Andererseits erkennen wir Gott als den souverän Handelnden. Er beschützt und erhält.

Die Aussage von Vers 5 nimmt auf Psalm 2,9 Bezug. Vgl. auch Kapitel 19,15!

Die Macht des Teufels und seiner Dämonen ist begrenzt. Ausdrücklich heißt es: „Sie siegten nicht" (8). Diese Tatsache gilt es im Auge zu behalten, wenn in Kapitel 13 die dämonische Machtentfaltung des Antichristen beschrieben wird.

## *Übertragung ins Leben:*

Schmerzen (2), Bedrohung (4), Flucht und die völlige Abhängigkeit von Gott (6) gehören zu den Erfahrungen der Menschen, an denen Gott handelt. Sie erleben aber gerade darin Gottes Treue und Macht. Natürlich wünschen wir es uns anders, und zum Glück gibt es für die Gemeinde Jesu auch Zeiten des Friedens. Manche leiten daraus einen Anspruch auf ungestörtes Glück und Reichtum ab. Sie verkündigen ein Wohlfühlchristentum und fördern die Vorstellung von Kuschelgemeinden.

Die Zeichen am Himmel (1.3) holen uns von diesen falschen Gedanken zurück. Wie Verkehrszeichen am Straßenrand richten sie unsere Aufmerksamkeit auf die Realität.

## *Gesprächsimpuls:*

Gottes erstaunliches Versorgen in allen Belangen erleben vor allem Christen, die ganz und gar von ihm abhängig sind. Solche, die auf sich selbst gestellt, dem Tod preisgegeben wären. Können Sie diese Erfahrungen persönlich oder durch Berichte anderer bestätigen? Wie denken Sie über die folgende Aussage eines Christen aus einem Erwekkungsgebiet in der krisengeschüttelten Republik Kongo: „Wir sind zwar nicht so reich wie ihr (in Europa). Aber ich wollte dennoch nicht mit euch tauschen"?

## *Gebetszeit:*

1. Danken Sie Gott für das, was Sie im heutigen Bibeltext über sein Handeln gelesen haben.
2. Bitten Sie für Christen in Gebieten, wo Chaos oder Krieg herrscht. Überlegen Sie, ob es Ihnen möglich ist, einigen von ihnen geistlich oder materiell zu helfen.

---

*Zeichen (1.3); Drache (3); Wüste (6):*
Siehe „Kleines Bildwortlexikon", Seite 71–73

# Jubel und blutiger Ernst

## *Zum Text: Offenbarung 12,10–18*

Die Spannung der Aussage in Vers 12 beschreibt treffend die gegenwärtige Disharmonie zwischen Himmel und Erde. Hier Jubelgesang, da ein inhaltsschweres „Weh aber“; denn die Erde ist nun das Territorium des Teufels (vgl. Eph 2,2). Er ist von Gottes Umgebung ausgewiesen. Nun verklagt er nicht mehr, sondern terrorisiert die Menschen. Sein Augenmerk gilt in besonderer Weise der „Frau“, also all jenen Juden und Heiden, die zu Jesus Christus gehören.

Für den Satan ist die Erde nur ein zeitlich begrenzter Zwischenstopp auf dem Weg zum Abgrund (vgl. 12.13 mit 20,1–3).

Zorn und Zeitknappheit verstärken die Intensität seines Handelns auf der Erde. Auch als Christen haben wir der Macht des Teufels nichts entgegenzusetzen, und dennoch ist es möglich, ihn zu überwinden. Wie? „Durch das Blut des Lammes“ und durch das mutige Bekenntnis zu Jesus (11)!

Die Wüste ist ein Bild (14), das daran erinnert, wie einst Gott sein Volk Israel mit allem versorgte. Sie ist allerdings auch der Ort, wo die Hure – das Gegenbild der Frau – agiert (17,3)!

Nach dem fehlgeschlagene Angriff in der Wüste gibt Satan keineswegs auf. Er ändert seine Taktik ...

## *Übertragung ins Leben:*

Ärzte wissen nur zu gut, welche Bedeutung Blut hat, auf das sie in Notfällen zurückgreifen können. Im Hinblick auf die Erlösung gibt es Christen, denen die Bedeutung des Blutes Jesu verlorengegangen ist. Dabei wird zweimal in der Offenbarung gesagt, daß durch „das Blut des Lammes“ selbst Verfolgungszeiten siegreich überwunden werden (Kap 7,14).

Viele Christen sorgen sich, ob sie in Zeiten der Verfolgung fest bleiben werden. Darauf gibt es eine klare Antwort: Ja, wenn Sie sich nicht auf ihre eigene Kraft verlassen, sondern auf die Kraft Jesu, die besonders in seinem Blut wirksam ist. Hier gilt die Aussage aus Vers 11.

## *Gesprächsimpuls:*

Charakterisieren Sie die Personen, die der „Frau“ zugeordnet werden und prüfen sie, ob die Kriterien auf Sie persönlich zutreffen!

## *Gebetszeit:*

Sprechen Sie mit Gott über das, was
a) Ihnen Sorge macht.
b) Sie ermutigt.
c) Sie Menschen wünschen, die jetzt schon wegen Ihres Glaubens an Jesus durch Verfolgungen gehen. Nennen Sie nach Möglichkeit die Namen von Personen, damit Ihr Gebet konkret wird.

# In den Klauen Satans

## *Zum Text: Offenbarung 13,1–10*

Die Person aus dem Meer (1) ist Satans Ebenbild. So hat Johannes ihn am Himmel gesehen (12,3). Das Wesen dieses satanischen Menschen ist von raubtierhaften Zügen geprägt (im Gegensatz dazu: Jesus, das Lamm). Der Drache stattet ihn mit satanischer Kraft (griech. „Dynamis") und Vollmacht aus.

Vers 1 spricht von der Menschwerdung des Bösen, Vers 3 erinnert an das Wunder der Auferstehung. Was Jesus Christus nicht vergönnt war, bringt die Masse der Menschen willig diesem „Gegen-Christus" (oder Antichrist) dar: Anbetung (4)!

Er überzeugt nicht durch sein Werben um Vertrauen, sondern erdrückt durch seine Übermacht (4). Er preist nicht selig, sondern lästert (5.6). Er sucht nicht, um das Verlorene zu retten, sondern er verfolgt, inhaftiert, tötet (7).

Dem „Tier" gelingt es, die Menschen gleichzuschalten, so daß sie den Drachen anbeten. Wie kommt es zu diesem Phänomen? Eine erste Antwort finden wir in Vers 8!

## *Übertragung ins Leben:*

Es ist gut, daß es Gruppierungen gibt, die das Bewußtsein der Massen wachrütteln, indem sie politische Entwicklungen beobachten und sich für Verfolgte einsetzen.

Das Auftreten des Weltdiktators wird indes niemand verhindern können. Hinter seiner Herrschaft verbergen sich gewaltige Finsternismächte, gegen die politische Instanzen und menschliche Vernunft nichts ausrichten. Der dämonischen Dimension seines Wirkens können sich nur diejenigen entgegenstellen, die durch den Glauben an Jesus Christus ein klares Fundament haben. Die Frage lautet also nicht, wer beim Spekulieren um die Person des Antichristen die Nase ganz vorn hat, sondern wer zu Gott gehört und sich von ihm durch diese Zeit der Verführung leiten läßt (8).

## *Gesprächsimpuls:*

Sprechen Sie darüber, was Ihnen bei diesem Text Angst macht. Versuchen Sie nicht, Ängste vorschnell durch Glaubenszuversicht zu zerstreuen, sondern sammeln Sie zunächst die Aussagen, ohne sie zu kommentieren.

Suchen Sie nun die Fakten, die Ihnen persönlich helfen, das Vertrauen zu Jesus Christus zu bewahren und formulieren Sie daraus einen oder mehrere Leitsätze.

## *Gebetszeit:*

Nehmen Sie die Fakten aus dem Gesprächsimpuls für das Gebet auf!

---

*Tier (1):* Siehe „Kleines Bildwortlexikon", Seite 71–73

# Das Tier

## 1. Seine Herkunft

*Das erste Tier stammt aus dem „Meer“. Was ist damit gemeint?*

*Jenseits der Erde mit ihren Weltmeeren begann für den Menschen der Antike der Abgrund. Wer sich also am „Ende der Erde“ (Ps 61,3) oder an den Grenzen des „äußersten Meeres“ (Psalm 139,8–9) wußte, war dem Abgrund nah.*

*In der Bibel werden die Begriffe gebraucht, wie sie damals verstanden worden sind, ohne daß damit ein bestimmtes Weltbild als richtig oder falsch festlegt wird.*

*In Offenbarung 12,18 ist also nicht von einer Strandpromenade die Rede. Satan wendet sich vielmehr an den Rand des Abgrunds, aus dem der Antichrist aufsteigt. Vergleichen Sie die Begriffe „Meer“ und „Abgrund“ in Offenbarung 11,7 und 17,8. Daß es sich dabei jeweils um den Antichrist handelt, belegen die Beschreibungen in Offb 12,3 und 17,3 („sieben Häupter, zehn Hörner“).*

*Das „Meer“ oder der Abgrund als Aufenthaltsort bestimmter Dämonen (vgl. Lk 8,31) und Ursprungsort des Antichristen wird es in Gottes neuer Welt nicht mehr geben (21,1).*

## 2. Sein Wesen

*Johannes gebraucht den Begriff „Antichrist“ in seinen Briefen, im Zusammenhang mit den gnostischen Irrlehrern. Sie leugneten die Gottessohnschaft Jesu.*

*In 1.Johannes 2,18 spricht der Apostel davon, daß schon „viele Antichristen gekommen“ seien. Damit meint er Personen, die durch eine ausgeprägte Feindschaft gegen Gott in Erscheinung getreten sind. Ein erschreckend klare Vorstellung vom Typus des Antichristen gab Antiochus Epiphanes (Dan 7,24–25; 11,21–35 u.a.; vgl. auch die apokryphen Bücher 1.Makk 1,16 ff. und 2.Makk 5–6).*

*In 1.Johannes 4,3 spricht der Apostel vom „Geist des Antichristen“. Er leugnet, daß Gottes Sohn für unsere Schuld gekreuzigt wurde. Damals wurde diese Auffassung durch die Lehren der Gnosis vertreten (vgl. auch 2.Thess 2,7), heute werden wir damit durch den Islam konfrontiert.*

*Jesus spricht über den endzeitlichen Widersacher als einen, „der in seinem eigenen Namen kommen wird“ (Joh 5,43).*

*In 2. Thessalonicher 2,3–4 beschreibt Paulus den Antichristen als „Mensch der Bosheit“ (wörtlich, „Mensch der Gesetzlosigkeit“); als „Sohn des Verderbens“ und als „Widersacher, der sich erhebt über alles, was Gott oder Gottesdienst heißt“.*

*Der Antichrist mit dem raubtierhaften Wesen wird dem Lamm gegenübergestellt. In gleicher Weise steht die machthungrige Hure als Gegenbild zur verfolgten Frau. In beiden Fällen erweist sich die vermeintliche Schwäche von Lamm und Frau als Stärke, weil sie Gottes Allmacht zuläßt. Diese Zusammenhänge haben Christen aller Zeiten ermutigt und ihnen die Angst vor der eigenen Ohnmacht angesichts der übermächtigen Bedrohung genommen.*

# Verführt!

## *Zum Text: Offenbarung 13,11–18*

Das Tier, das aus der Erde aufsteigt, setzt auf Verführung (14). Darauf weist sein Aussehen („wie ein Lamm") hin. Offenbar läßt sich die Menschheit von seinem Äußeren und den Wundern blenden. Dabei sind es aber die Worte, die verraten, in welcher Macht das Tier redet (11). In Kapitel 20,10 wird es „der falsche Prophet" genannt! Durch seine lügenhaften Worte verleitet das Tier die Menschen zum Mitmachen an dem Bild, das später über Leben und Tod entscheiden wird (15): Hier tritt der Zynismus der satanischen Strategie zutage. Wer sich mit diesem System einläßt, verliert die Freiheit über Gedanken und Handeln (16).

Die Zahl 666 ist eine verhüllte Darstellung, wie man sie bei Geheimschriften gern anwendete (z.B. der jüdischen Kabbala). Dabei werden Wörter mit Hilfe des Zahlenwerts ihrer Buchstaben als Zahlenkombinationen dargestellt (18).

## *Übertragung ins Leben:*

Die Zeichen an Stirn oder Hand erweckt den Eindruck einer satanischen Nachahmung der Anweisungen in 5.Mose 6,8. Gott fordert sein Volk Israel auf, das Glaubensbekenntnis zu „binden zum Zeichen auf deine Hand, und sie sollen dir ein Merkzeichen zwischen deinen Augen sein".

Die Menschheit der Endzeit ist wider alles Erwarten tief religiös: Sie unterstellt sich willig der satanischen Trinität (dem Drachen, dem Tier aus dem Meer und dem Tier aus der Erde). Sie betet an – aber den Antichristen (4.8). Sie akzeptiert staunend Wunder und Zeichen – zum Verderben der anderen, die nicht anbeten (15). Sie wird mit ihrem Denken und Handeln so sehr von satanischen Prinzipien bestimmt, daß eine totale Gleichschaltung gelingt.

Es ist schwer zu sagen, wieweit wir gegenwärtig in der Entwicklung dieses Geschehens stehen. Aber zweifellos lassen sich deutliche Tendenzen einer Weltdiktatur erkennen. Dazu gehört die Macht der Banken und Medien, die Globalisierung der Wirtschaftsräume sowie der rasante Zerfall von ethischen Werten. Wer an Jesus als Retter festhält, gilt als intolerant.

## *Gesprächsimpuls:*

Können Sie der Aussage zustimmen, daß die Freiheit von Gott zwangsläufig zur Sklaverei unter Satan führen muß? Begründen Sie Ihre Antwort!

## *Gebetszeit:*

Sagen Sie Gott, warum Sie ihm die Treue halten möchten!

---

*Zeichen (16):* Siehe „Kleines Bildwortlexikon", Seite 71-73

# Verfolgt und dennoch am Ziel!

## *Zum Text: Offenbarung 14,1–5*

Der Ausdruck, „ ... und siehe!" hat die Funktion, Aufmerksamkeit zu erregen (vgl. 4,1; 14,14; 19,11). Unvermittelt eröffnet sich nach der Bedrängnis (in Kapitel 13) ein friedliches Bild. Das Lamm steht an dem Ort, den Gott sich zur Herrschaft erwählt hat. Bei ihm stehen, „die erkauft sind von der Erde" (3) – weinend, stöhnend, klagend? – nein, singend! Die Botschaft des Bildes spricht für sich selbst.

Die Zahl 144 000 erinnert an Kapitel 7,4, wo Gottes Knechte – Frauen und Männer jüdischer und heidnischer Herkunft – als Eigentum Gottes gekennzeichnet wurden. Die prophetische Bildsprache schließt eine mathematische Auffassung der Zahl aus. Ebenso auszuschließen ist, daß es sich hier um Aussagen über das Sexualleben einer Sondergruppe handelt (4). Nirgendwo in der Bibel wird eheliche Intimität als Befleckung bezeichnet. Die Erlösten bilden vielmehr einen Gegensatz zu der „Hure" in Kapitel 17, weil sie treu an Jesus festgehalten haben.

Die Ausdrücke „ohne Falsch" und „untadelig" erinnern an den Opferdienst des Alten Testaments, wo Gott nur das Beste gegeben werden sollte (Maleachi 1,14). Es sind Menschen, die diese Eigenschaften nicht aus sich selbst haben, sondern durch Jesus heilig gemacht worden sind. Der Begriff „Erstlinge" (4) legt nah, daß Johannes diejenigen, die noch unter den Verfolgungen des Antichristen leiden, schon vollendet sieht. Sie haben die begründete Hoffnung, gerettet zu werden. In diesem Sinne wird der Begriff „Erstlinge" in Römer 8,23–24 gebraucht. Lesen Sie dazu, was in Kapitel 13,10 und 14,13 gesagt wird.

## *Übertragung ins Leben:*

Die Herrschaft des Lammes und derer, die zu Jesus gehören, wird durch die Gewaltherrschaft des Antichristen nicht berührt. Er ist zwar sehr mächtig, aber seine Herrschaft bleibt dennoch begrenzt. Das vergessen wir oft bei Gesprächen über das endzeitliche Geschehen. Immer wieder enden sie deshalb mit Ängsten vor der Zukunft.

## *Gesprächsimpuls:*

Es gibt eine Menge Spekulationen darüber, wer diese 144 000 Personen sind: Juden, eine Elite unter Christen oder gar Sektenangehörige mit dem Vorrecht einer besonderer Erwählung. – Für uns persönlich ist viel wichtiger, daß wir sicher sind, durch das Blut Jesu für Gott erkauft zu sein (Offb 5,9). Haben Sie an diesem Punkt eine wirkliche Gewißheit?

## *Gebetszeit:*

Danken Sie Gott dafür, daß Verfolgung, Terror und der Tod durch die Handlanger des Antichristen nicht das Ende sind.

Richten Sie im Gebet Ihren Blick auf das Lamm und seinen Sieg!

# Jesus kommt als Richter

*(Offenbarung 14)*

Die Ankunft Jesu mit seinen Engeln erinnert an einen Richter in Begleitung seiner Schöffen. Es ist offensichtlich, wie dramatisch sich die Handlung verdichtet und auf das Ende zuläuft.

# Der Weltenrichter kommt

### *Zum Text: Offenbarung 14,6–20*

Beobachten Sie das Geschehen in diesem Textabschnitt aus der Vogelperspektive: Der, der einem Menschensohn gleicht (14) erscheint in Begleitung seiner Engel. Drei gehen ihm voraus (6.8.9) und drei folgen ihm (15.17.18). Worum geht es?

Es geht um die Wiederkunft Jesu zum Gericht (7) am Ende der Zeit (15). Die Sichel wird angesetzt, denn die Ernte ist gekommen. Wenn Sie diesen Text mit Matthäus 13,30.37–41 oder Matthäus 24,29–31 vergleichen, werden Sie feststellen, daß sich hinter den Bildhälften der Gleichnisse hochdramatische Sachverhalte über das Ende der Welt verbergen.

Der Menschensohn bringt die Ernte persönlich ein (15–16). Der sechste Engel hingegen sammelt auf Befehl des Engels am Altar die Menschen, die unter Gottes Zorn stehen.

Mit dem Tag des Gerichts sind die Verhältnisse vertauscht: Einst hat man Jesus „vor den Toren der Stadt Jerusalem (Hebr 13,12) gekreuzigt. Nun steht das Lamm mit den Erlösten mitten auf dem Zionsberg (1). Und über die Gottlosen ergeht das Gericht „draußen vor der Stadt“ (20).

### *Übertragung ins Leben:*

Vor einiger Zeit hat die Synode der „Church of England“ beschlossen, die Hölle abzuschaffen, da die Vorstellung darüber nicht mehr zeitgemäß sei. Natürlich können die Verantwortlichen Stellen wie Offenbarung 14,10–11) als archaische Vorstellungen abtun. Für sie und für eine Menge anderer Leute wird das Gericht völlig überraschend, aber nicht ohne die Möglichkeit kommen, zuvor umzukehren. Überprüfen Sie die Botschaft des ersten Engels im Blick auf Ihre eigene Person (7): Woran zeigt sich Ihre Gottesfurcht im Alltag?

### *Gesprächsimpuls:*

Inwieweit entspricht das Bild vom „lieben Gott“ der Wirklichkeit angesichts der Aussagen von Vers 10–11 oder 19–20?

Formulieren Sie einen Leitgedanken, der diese Seite Gottes mit berücksichtigt!

### *Gebetszeit:*

1. Setzen Sie die Aufforderung von Vers 7 in die Praxis um: Beten Sie Gott an. Sagen Sie ihm, was er Ihnen bedeutet und danken Sie ihm für das, was er an Ihnen getan hat.
2. Bringen Sie Menschen aus Ihrer Umgebung/Familie vor Gott, von denen Sie wissen, daß sie die Botschaft zur Umkehr bewußt überhören.

# Anbetung und Zorn

## *Zum Text: Offenbarung 15,1–8*

Der Blick geht weg von der Kelter „draußen vor der Stadt" (14,20) zum Himmel. Hier sieht Johannes ein Doppeltes: Anbetung und Zorn.

Der Begriff „Zorn" beherrscht in diesem Stadium fast das gesamte Geschehen (14,19; 15,1.7; 16,1.19). Ausgenommen davon sind diejenigen, die den Zorn des Tieres haben über sich ergehen lassen müssen und dafür mit ihrem Leben bezahlt haben. Sie werden jedoch nicht als die großen Verlierer bezeichnet, sondern als die, „die den Sieg behalten hatten". Ihr Lobpreis bezeugt die Einsicht in Wege, die jetzt klar vor Augen stehen (3–4).

Ob mit „Lied des Mose und des Lammes" bestimmte Bibelzitate gemeint sind? Wir wissen es nicht.

Der Tempel (5) hat – wo immer er in Verbindung mit der Erde gebracht wird (16,1) – die Funktion eines Gerichtshofes (11,19; 15,8; 16,1). Die Kleidung der Engel ist die von Priestern (6). Sie räumen den Tempel; denn für die Zeit der letzten Gerichte wird niemandem der Zutritt gestattet. Gott will in seinem Zorn allein sein.

## *Übertragung ins Leben:*

Erkenntnis über Gott erhalten wir vor allem in seiner Gegenwart. Die Überwinder stehen vor seinem Thron und beten ihn an. Das gleiche ist auch uns möglich. Durch das Gebet haben wir Zutritt bis in seine unmittelbare Nähe. Wenn wir uns dabei von Gottes Geist leiten lassen, werden wir seine Allmacht erkennen, sein gerechtes Handeln und sein Anderssein, das in uns Ehrfurcht auslöst. Manchmal sind es Lieder, die uns dabei leiten (3).

Überdenken Sie im Hinblick auf diese Aussagen noch einmal das Gebet in Vers 3–4.

## *Gesprächsimpuls:*

Jemand sagte einmal: „Viele Christen werden beim Singen zu Lügnern." An diesem etwas pauschal formulierten Vorwurf ist etwas dran. Sprechen Sie heute doch einmal über Liedaussagen, die Ihnen aus dem Herzen sprechen oder die Sie schon zur Anbetung geführt haben!

## *Gebetszeit:*

Nehmen Sie das Lied der Überwinder (3–4) oder ein Lied von Christen unserer Zeit als Grundlage für ein persönliches Gebet!

# Gottes grimmiger Zorn

## *Zum Text: Offenbarung 16,1–21*

Die Gerichte, die durch das Ausgießen der Schalen über die Schöpfung gehen, sind nicht neu. Die Reihenfolge der ersten vier Katastrophen gleicht der in Kapitel 8. Doch war deren Einfluß stets auf ein Drittel begrenzt. Nun trifft Mensch und Natur die volle Wucht des Zornes Gottes.

Etliches erinnert stark an die Plagen in Ägypten, als Gott sein Volk Israel aus der Sklaverei erlöste: der Ausbruch von Geschwüren (2), die Verwandlung von Wasser in Blut (3–4), die Verfinsterung des Landes (10) und das Austrocknen des Wassers, um einen Landweg zu schaffen (12).

Finstere Mächte sind die eigentlichen Drahtzieher des letzten großen Krieges (13–14). Sie bedienen sich der Machthaber, als seien sie Figuren auf einem Schachbrett. Eine Großaufnahme des Endes wird in Kapitel 19,17–21 gezeigt.

Dreimal wird erwähnt, daß sich die Menschen unter dem Druck der Ereignisse an Gott erinnern und – ihn lästern (9.11.21)! Beachten Sie dazu im Gegensatz die Aussagen des Engels (5–7)!

Das siebte und letzte Schalengericht trifft übrigens den Herrschaftsbereich, in dem sich die finsteren Mächte aufhalten – die Luft (vgl. Eph 2,2).

## *Übertragung ins Leben:*

Viele Leute haben „Schwein gehabt", wenn es ihnen gut geht. Aber wehe, es trifft sie ein harter Schlag! Dann wenden sie sich verbittert gegen Gott und fordern ihren Anspruch auf Glück ein. Mit der Haltung, „nun erst recht nicht", wird versucht, die Ablehnung Gottes nachträglich zu rechtfertigen, obwohl sie zuvor schon feststand.

## *Gesprächsimpuls:*

Gottes Gerichte haben meist das Ziel, Menschen zur Umkehr zu rufen (8). Und tatsächlich gibt es Fälle, bei denen das Sprichwort zutrifft: „Not lehrt beten." Was denken Sie über die ganz andere Reaktion der Menschen in Kapitel 16? Können Sie ähnliches auch von Menschen berichten, die Sie kennen?

## *Gebetszeit:*

„Wir warten auf dich, Herr, auch auf dem Weg deiner Gerichte; des Herzens Begehren steht nach deinem Namen und deinem Lobpreis.

Von Herzen verlangt mich nach dir des Nachts, ja, mit meinem Geist suche ich dich am Morgen. Denn wenn deine Gerichte über die Erde gehen, so lernen die Bewohner des Erdkreises Gerechtigkeit" (Jesaja 26,8–9).

# Die abservierte „Hure“

## *Zum Text: Offenbarung 17,1–18*

Die Hure schließt als Gegenbild an die Frau in Kapitel 12 an. Sie verkörpert ein religiöses System, das sich den politischen Machthabern angebiedert hat. Johannes trifft sie dort an, wo auch die Frau wohnt (3; 12,6.14). Vermutlich ist der Apostel deshalb über die Maßen erstaunt. Die Hure ist äußerst attraktiv. Und sie scheint ein weiteres Plus zu haben: Es sieht so aus, als ob sie in der Lage sei, auf das Tier einzuwirken, auf dem sie reitet. Doch der Schein trügt. Man läßt sie gewähren, solange sie für das politische System nützlich ist, und dann wird sie eiskalt abserviert (16). Wer auf das Aussehen des Tieres achtet, bemerkt, daß es sich um das Tier handelt, das in Kapitel 12,3 und 13,1 beschrieben wird.

Die Bedeutung der Verse 8–14 ist uns (noch) verborgen. Klar ist nur, daß die Völkergemeinschaft der Endzeit von kurzer Dauer (12) sowie durch und durch antichristlich ist (14).

## *Übertragung ins Leben:*

Tendenzen der Gegenwart stehen uns lebhaft vor Augen. Da gibt es Kirchen und Freikirchen, die um den Preis der Anbiederung an die Welt Glaubensgrundsätze aufgeben und ihr geistliches Gepräge verlieren. Vielerorts sind Gläubige innerhalb eines säkularisierten Christentums zu Minderheiten geworden. Der scheinbar tolerante Pluralismus entpuppt sich als Geist der Hurerei gegenüber Gott, aber höchst unduldsam gegenüber denen, die man mit Vorliebe als Fundamentalisten abstempelt. Wer an dem Anspruch festhält, daß es Erlösung allein durch Jesus gibt, gilt als rückständig und als einer, der andere ausgrenzt.

Es fällt nicht schwer, die Aussagen der Offenbarung auf dem Hintergrund dieser Tendenzen nachzuvollziehen. Sie sollten uns zu erhöhter Wachsamkeit, aber nicht zu irgendwelchen Spekulationen veranlassen.

## *Gesprächsimpuls:*

Welche Anzeichen gibt es für die rasante Zunahme einer antichristlichen Religiosität? Wie können sich Christen in diesem Prozeß der Säkularisierung verhalten?

## *Gebetszeit:*

1. Richten Sie Ihren Blick von den bedrückenden Tatsachen weg auf Jesus Christus. Nehmen Sie die Proklamation in Vers 14 als Grundlage Ihrer Anbetung!
2. Stehen Sie für Menschen in Ihrer Kirche oder Gemeinde ein, die Verantwortung tragen.

# Weinen und jubeln

## *Zum Text: Offenbarung 18,1–24*

Die Hure aus Kapitel 17 und Babylon sind identisch (10; 19,2). Die „Stadt" steht hier für das gesamte System, so wie Moskau für Rußland und Brüssel für Europa. Religion und Staat waren eine Zweckgemeinschaft eingegangen, bei der es schien, als ob die Kirche den Staat beherrschen und lenken könne (17,3).

Doch man entledigt sich jener Hure, um an ihrem Reichtum teilzuhaben, ohne weiter ihren Einfluß ertragen zu müssen (17,16). Gott hat allerdings das Ende des gesamten Systems verfügt (8.17). Das unerwartete Aus ruft in Politik und Wirtschaft große Betroffenheit hervor. Ihre Nachrufe sind nicht vom Mitleid, sondern von der Trauer um den verlorenen Reichtum geprägt (9–19). In ihrer Gier schreckte die Hure nicht davor zurück, selbst Menschen als Ware zu vermarkten (13). Fünfmal wird durch das, was es „nicht mehr" geben wird, betont, daß es für Babylon keine Zukunft gibt (21–24).

Während auf der Erde die Fahnen auf Halbmast hängen, fordert der Himmel die Gemeinde Jesu zum Jubeln auf (20). Obwohl sie noch in der Welt lebt, teilt sie deren Wertmaßstäbe nicht; denn sie sieht hinter der Katastrophe Gottes gerechtes Handeln.

## *Übertragung ins Leben:*

Wer das Böse nur eilfertig verharmlost, wird zwar geduldet, solange es zweckmäßig erscheint, aber doch nie geachtet. Das Ende des religiösen Systems der „Hure" zeichnet den Irrweg einer Kirche vor, die nicht mehr Gottes Wertmaßstäbe, sondern nur noch ein Spiegelbild der Gesellschaft repräsentiert.

Den verführerischen Geist von „Babylon" treffen wir überall dort an, wo es Gottes Geist nicht mehr gestattet wird, das Gewissen der einzelnen zu prägen.

## *Gesprächsimpuls:*

Welchen Trends oder Gewohnheiten am Arbeitsplatz oder in der Gesellschaft verweigern Sie sich aus christlicher Überzeugung?

## *Gebetszeit:*

1. Halten Sie sich Gottes unwandelbare Treue vor Augen und danken Sie ihm dafür.
2. Reflektieren Sie die Erfahrungen aus dem Gesprächsimpuls und stehen Sie füreinander im Gebet ein.

# Hochzeitsfeier

## *Zum Text: Offenbarung 19,1–10*

Johannes hört die Stimmen einer „großen" Schar im Himmel; denn hier sind die zu Hause, die auf der Erde eine Minderheit bildeten und verfolgt wurden (1–2). Wegen der Übergriffe gegen die Christen ist die Hure verurteilt worden (18,20), und die Erlösten danken es Gott durch Anbetung.

Der Höhepunkt des Geschehens stellt die Vollendung der Liebesbeziehung dar zwischen dem Lamm und den Heiligen – ohne Bild: zwischen Jesus und seiner Gemeinde bestehend aus Juden- und Heidenchristen (7.8). Wer sind diese Heiligen? Der Begriff taucht immer wieder auf und läßt sich leicht deuten (Offb 13,10;14,12;18,20)! Alle, die Jesus treu geblieben sind, bilden zusammen die Braut des Lammes, so wie die Hure die Ganzheit einer gegen Gott gerichteten Menschheit darstellte.

Das reine Leinen, als Sinnbild der Gerechtigkeit, hat die Braut nicht selbst mitgebracht, sondern „es wurde ihr gegeben" (8).

Johannes' Reaktion zeigt, wie leicht wir uns von starken Empfindungen zu falschen Handlungen überwältigen lassen können (10). Der Apostel muß deshalb nicht nur hier, sondern auch später (22,8.9) korrigiert werden.

## *Übertragung ins Leben:*

Das Bild einer Hochzeit ist Ausdruck einer starken, auf Gegenseitigkeit beruhenden Liebe, die zwei Partner für immer aneinander bindet. Es verwundert nicht, daß Johannes angesichts dieses Bildes überwältigt niedersinkt; denn in dieser Schau wird das Wesentliche des Glaubens gezeigt. Gott sucht nicht in erster Linie theologische Richtigkeit, sondern die tiefe Zuneigung unserer Herzen. Wie drückt sie sich konkret bei Ihnen aus?

## *Gesprächsimpuls:*

Welchen tröstenden Aspekt finden Sie in der Aussage, daß der Braut ein reines Leinen dargereicht wird?

## *Gebetszeit:*

1. Nehmen Sie die Anbetung in diesem Kapitel als Vorlage für Ihr eigenes Gebet!
2. Überlegen Sie, auf welche Weise Sie darüber hinaus Gott Ihre Liebe bezeugen können.
3. Stehen Sie in der Fürbitte für Verwandte, Nachbarn und Freunde ein. Bitten Sie Gott, daß sie sich zu dieser „Hochzeit" einladen lassen.

# Jesus: hart, aber gerecht

## *Zum Text: Offenbarung 19,11–21*

Dem irdischen Heer stellt sich das Heer des Himmels entgegen. Der Name des Reiters (11) weist eindeutig auf Jesus hin (3,14); ebenso sein Aussehen (12; vgl. 1,14). Wessen Blut haftet an seiner Kleidung? Wir wissen es nicht. Es kann sein, daß Jesaja 63,1–3 darauf eine Antwort gibt.

Die Vielzahl der Kronen (12) weist Jesus als absoluten Herrscher aus (16; vgl. 17,14). Das Heer des Himmels bilden hier wohl nicht die Engel, sondern „die Berufenen und Auserwählten und Gläubigen" (14; vgl. 17,14). Als Braut des Lammes sind sie mit weißem Leinen eingekleidet worden (8). Beachten Sie, daß Jesus allein richtet und kämpft (11). Das Heer begleitet ihn zum Sieg.

Das Schwert ist die Waffe der ordnenden Staatsmacht (Röm 13,4) – im Gegensatz zum Bogen, der reinen Kriegswaffe. Jesus wird die Völker hart, aber vollkommen gerecht richten. Sein grimmiger Zorn (15) wird sich gegen alle wenden, die sich ihm verweigern, aber dem Antichristen willig Gefolgschaft leisten (19; vgl.16,14).

Die beiden Personen, die zur „Trinität" Satans gehören, kommen lebendig (!) an den Ort der Verdammnis. Bei den „anderen" (21) handelt es sich um Menschen. Sie müssen sterben und werden sich bei der Auferstehung vor Gott zu verantworten haben (Hebr 9,27; Offb 20,13).

## *Übertragung ins Leben:*

Landläufig wird Jesus gern als Mensch gezeichnet, der mit weichlicher Liebe alles umschlingt, was die Welt an Blasphemie zu bieten hat. Das ist eine Verharmlosung, die der ehrfurchtgebietenden Autorität Jesu nicht gerecht wird.

Die Bibel zeigt Jesus anders. Er tritt hier an der Spitze eines Heeres an. Da gibt es Feinde und eine klare Front. Entweder gehören Menschen zu seinem Gefolge oder sie stehen auf der Seite der Gegner. Jesu Worte sind scharf wie ein Schwert. Damit richtet und tötet er und führt damit Gottes Zorn aus. Den verschweigt man vielerorts als unzeitgemäß.

## *Gesprächsimpuls:*

Der Begriff „Gerechtigkeit" war beim ersten Kommen Jesu mit Leiden verknüpft. Nun steht er im Zusammenhang mit Kampf und Gericht. Inwiefern entspricht das Ihren Vorstellungen über Jesus?

## *Gebetszeit:*

1. Beten Sie Jesus an, indem Sie sich an seinen Eigenschaften orientieren, die im Bibeltext genannt werden.
2. Sprechen Sie mit ihm über das, was Sie an ihm neu entdeckt haben.
2. Beten Sie dafür, daß Gott Verkündigern (nennen Sie nach Möglichkeit Namen!) eine ausgewogene Sicht über Jesus gibt.

# Satan: verhaftet und eingesperrt

## *Zum Text: Offenbarung 20,1–3*

Satans Festsetzung geschieht völlig unspektakulär. Einer von Gottes Engeln kommt und ergreift einfach den Drachen. Diese Tatsache verweist auf die ungleichen Machtverhältnisse. Erneut wird das Gefängnis der bösen Geister geöffnet (1). Diesmal wird die Erde nicht (wie in 9,1ff.) von einem Heer zerstörerischer Mächte heimgesucht. Im Gegenteil: Satans Einflußmöglichkeit wird für die Dauer eines Übergangsstadiums außer Kraft gesetzt. Ob die Zeitspanne von „tausend Jahren" buchstäblich zu verstehen ist, werden wir erleben.

Beachten Sie die schrittweise Eingrenzung des Teufels. Zunächst ist er aus Gottes Gegenwart auf die Erde verbannt worden (12,7–9). Die Folge: Eine satanische Dreieinigkeit etabliert sich und knebelt die Welt mit einer in diesem Ausmaß noch nie dagewesenen Diktatur (Kap 13). Nun wird der Teufel in das Gefängnis der anderen bösen Geister verbannt (vgl. 9,1; Lukas 8,31). Der Abgrund ist noch nicht der Ort der endgültigen Verbannung (vgl. 19,20; 20,10), denn Satan wird noch einmal kurz losgelassen werden.

Die Fesseln, der Schlüssel und das Siegel verbürgen eine dreifache Sicherung vor Satans Einfluß.

## *Übertragung ins Leben:*

Wie oft haben Menschen schon vom Frieden geträumt! Doch es kann nicht wirklich Frieden sein, solange der Teufel die Macht hat, Menschen zu verführen. Noch befindet sich die ganze Erde unter seinem Einfluß. Er äußert sich in Machtmißbrauch, Rebellion, Maßlosigkeit ... Satan ist der Urheber von Chaos und Unfrieden, die Kontinente, Völker und Familien durchziehen und entzweien. Dabei bedient er sich der Menschen, die mit ihrem vermeintlich freien Willen seine Marionetten sind.

## *Gesprächsimpuls:*

Die Lehre vom Tausendjährigen Reich stützt sich auf diesen Bibeltext. An ihr scheiden sich allerdings häufig die Geister: Einige befürworten sie, andere lehnen sie ab. Wenn Sie innerhalb Ihrer Gruppe unterschiedlicher Meinung sind, dann hören Sie einander zu und prüfen Sie die Argumente der anderen. Lassen Sie dem Teufel keine Chance, wegen unterschiedlicher Erkenntnisse Zwietracht zu säen.

## *Gebetszeit:*

Welche positiven Aspekte finden Sie im Bibeltext, die Sie zum Danken anregen?

# Vom Minus zum Plus

## *Zum Text: Offenbarung 20,4–6*

Die Ausdrucksweise in Vers 4 nimmt auf, was in Kapitel 6,9 bereits anklang. Hier setzen sich also jene Christen auf die Richterstühle, die den Märtyrertod gestorben sind und sich dem Antichristen verweigert haben.

Die Seele ist jener Teil der Persönlichkeit, den auch Mörder nicht auslöschen können (Mt 10,28). Der Tod durch Enthaupten mit dem Beil oder Schwert ist häufig bei den römischen Christenverfolgungen angewandt worden.

Diejenigen, die das Leben ließen, haben den zweiten, ewigen Tod nicht mehr zu fürchten (vgl. Joh 12,25). Die Auferstehung zum ewigen Leben wird hier zunächst durch den früheren Zeitpunkt von der zweiten unterschieden (5). An der ersten Auferstehung haben alle teil, die „in Christus gestorben sind" (1.Thess 4,16). Beachten Sie, daß die Seligpreisung in der Einzahl gebraucht wird (6): „Selig ist ...", statt „Selig sind ..."

## *Übertragung ins Leben:*

Die Opfer bei den Verfolgungen erweisen sich nun als die eigentlichen Sieger. Mußten die Christen während der Diktatur des Antichristen nicht als bornierte Verweigerer erscheinen (13,16–17)? Stempelten die äußeren Umstände sie nicht zu bedauernswerten Verlierern? Das sind Fragen, die sich auch uns in weniger brisanten Situationen stellen. Es ist wichtig, klare Antworten vom Ziel her zu haben, damit sich niemand nur von Ängsten bestimmen läßt.

Mehr noch als von Verfolgungen und ihren Konsequenzen sind wir gegenwärtig von der Halbherzigkeit bedroht. Beachten Sie deshalb die Parallelstelle zu Vers 4 in Kapitel 3,21 mit ihrem Zusammenhang.

An welcher Auferstehung wir teilhaben, ist kein ungewisses Geschick. Darüber entscheiden wir durch unsere Stellung zu Jesus Christus hier und heute (vgl. Joh 5,24).

## *Gesprächsimpuls:*

„Wißt ihr nicht, daß die Heiligen die Welt richten werden?" (1.Kor 6,2). Welche Konsequenzen sollte dieses Wissen für unsere Gegenwart haben?

## *Gebetszeit:*

Danken Sie Gott, daß er Ihnen mit der ersten Auferstehung ein erstrebenswertes Ziel vor Augen stellt.

Bitten Sie für die Umkehr von Menschen, die wegen ihres Verharrens im Unglauben noch nicht an der ersten Auferstehung teilhaben.

# *Farben als Teil der Bildsprache*

Farben haben auch in der Gegenwart vielfach Symbolcharakter. Man denke nur an Nationalflaggen, an politischen Parteien oder Fußballvereine.

Eine Identifikation von Farben mit Botschaften setzt Informationen voraus. In der apokalyptischen Literatur gehörten deshalb Hinweise auf Farben zu den beliebten Methoden der Verschlüsselung. Das sicher bekannteste antike Beispiel bietet die Literatur der Essener, einer jüdischen Sekte. Hier stehen Schwarz und Weiß für den Kampf der Söhne des Lichts gegen die Söhne der Finsternis – nachgestellt am Schrein des Buches in Jerusalem.

In der Offenbarung stoßen wir auf etliche Angaben über bestimmte Farben. Sie sind keineswegs willkürlich. Und auf jeden Fall sind sie mehr als bunte Ausschmückungen von Visionen. Es ist höchst aufschlußreich zu entdecken, wem und was bestimmte Farben zugeordnet sind. Damit erfüllen sie die Funktion einer exakten Identifikation.

**Weiß**

Jesu Haar ist schneeweiß (1,14). In der Bildsprache wird damit ausgedrückt, daß ihm die Reinheit und Heiligkeit Gottes eigen ist. Am Ende der Zeiten werden die Menschen sich vor einem großen weißen Thron zu verantworten haben (20,11). Das heißt, sie werden es mit einem heiligen, absolut unbestechlichen Richter zu tun haben.

Jesus wird keineswegs auf einer dunklen Regenwolke zur Erde kommen, sondern auf einer (so wörtlich) weißen Wolke (14,14). Es ist eine Wolke, wie sie beim Volk Israel gesehen wurde, als sich Gottes Herrlichkeit verhüllte (2.Mose 40,34–38). Jesus ist in ein weißes Gewand gekleidet und verspricht es auch denen in Sardes, die durch den Glauben überwinden (3,4). Auch die Ältesten in Gottes Thronumgebung tragen weiße Kleider (4,4). Die Märtyrer, die ungeduldig am Altar zu Gott rufen, erhalten weiße Gewänder (6,11). In einer Vision sieht Johannes die Menge der Erlösten in weißen Kleidern vor Gottes Thron kommen (7,9). In Kapitel 7,14 wird mitgeteilt, wie es möglich war, die weißen Kleider vom Schmutz der Sünde rein zu halten.

Das Heer der Erlösten folgt Jesus in weißes reines Leinen gehüllt aus dem Himmel.

Die Bedeutung der weißen Farbe ist in diesen Fällen ganz ohne Zweifel die Farbe der Reinheit (vgl. 19,8). Als Königtum von Priestern (1,6) tritt die Menge der Erlösten so vor Gott, wie es einst für den Hohepriester vorgeschrieben war. Er durfte sich nur in den heiligen Kleidern der Wohnung Gottes nähern (3.Mose 16,4.32).

Das Pferd, das damit beginnt, Gottes Willen über die Erde zu tragen, ist weiß (6,2). Es kommt von seinem Thron. Auch die letzte Auseinandersetzung zwischen Himmel und Erde findet auf weißen Pferden statt (19,11.14). Gottes Gerechtigkeit wird siegen.

**Purpur und Scharlachrot**
Als Jesus mit einer Dornenkrone und einem Purpurgewand bekleidet wurde, hatte das Purpurgewand eine Botschaft, die von den Zuschauern auch ohne Worte durchaus verstanden wurde. Purpur war – bis hinein ins Mittelalter – die Farbe der Könige. Damit wollte man Jesu Anspruch, König der Juden zu sein, lächerlich machen (Mt 27,28–29).

Die Farben Purpur und Scharlachrot werden in der Offenbarung nur im Zusammenhang mit der Hure und dem widergöttlichen System der Endzeit genannt. Sie bilden praktisch das Erkennungsmerkmal jener Mächte, anhand deren sie identifiziert werden können. Der dunkelrote Purpur – das antike Symbol der Königswürde – läßt unübersehbar erkennen, daß es dem religiösen System vor allem um das Erlangen von Macht geht. Die Farbe Weiß wird in diesem Zusammenhang überhaupt nicht erwähnt. Das läßt tief blicken.

Die Hure ist in Purpur gekleidet (17,4). In Babylon wird mit Purpur gehandelt (18,12). Ja, ganz Babylon war in Purpur gekleidet (18,16).

Das Scharlachrot wird im letzten Buch der Bibel stets in enger Verbindung mit dem Purpur genannt (17,3.4; 18,12.16). Scharlachrot ist auch die Farbe des Tieres, auf dem die Hure reitet (17,3). In Jesaja 1,18 wird Scharlachrot übrigens in Verbindung mit der Sünde genannt.

**Rot**
Das griechische Wort „pyrros" wird in Kapitel 6,4 mit „feuerrot" und in 12,3 mit „rot" übersetzt. Beide Ausdrücke sind in ihrer Bedeutung aber übereinstimmend. In beiden Fällen erscheint das Rot im Zusammenhang mit Krieg (12,7).

**Grün**
Das griechische Wort „Chloros" hat sowohl die Bedeutung „fahl" (6,8) als auch „grün" ((8,7; 9,4). Es wird im Zusammenhang von Krankheit, Siechtum und Tod gebraucht. (Das Besondere an Kapitel 9,4 ist, daß der Tod als Erlösung von der Qual nicht eintritt.)

**Schwarz**
Der Reiter auf dem schwarzen Pferd sorgt für einen Preisanstieg der grundlegenden Nahrungsmittel (6,5). Und nach dem Öffnen des sechsten Siegels verfinsterte sich die Sonne (6,12). Sie gleicht Trauernden jener Zeit, die sich in grob gewebte schwarze Säcke gekleidet haben. In beiden Zusammenhängen geht es um Leid und Elend.

# Verdammt in alle Ewigkeit

### *Zum Text: Offenbarung 20,7–15*

Satan mobilisiert ein riesiges Heer zum letzten Aufstand gegen Gott. Steigen diese Völker aus dem Abgrund „herauf auf die Ebene der Erde" (9; vgl. 7,1)? Das ist denkbar. Viele halten diese Heere für jene Völker, die das messianische Friedensreich miterlebt haben. Wie auch immer: Der Beweis ist erbracht, daß Satan sich als Verführer treu geblieben ist. Ein Gerichtsurteil muß gegen ihn gar nicht mehr gesprochen werden. Sein Platz ist bei dem „Tier" und dem falschen Prophet (10; vgl. 19,20).

Zuletzt wendet sich Gott dem Menschen zu, der ihm verantwortlich bleibt und sich nicht durch Flucht entziehen kann (11).

Das Buch (des Lebens, vgl. 13,8; 17,8) bildet sowohl durch seine Einzigartigkeit als auch durch den Inhalt einen Gegensatz zu den Büchern (Mehrzahl). Der Mensch wird nach dem Tod mit seinem eigenen Leben konfrontiert. Es ist gegenüber der unsichtbaren Welt Gottes vollkommen transparent (Hebräer 4,13).

Vers 12 spricht ausdrücklich davon, daß die Toten gerichtet werden, und zwar nach dem, was in den Büchern steht. Es handelt sich also um die in Vers 5 Genannten, die nicht im geöffneten Buch des Lebens zu finden sind!

Kein Toter wird vergessen (13) oder im Totenreich (griechisch: Hades) zurückgelassen; denn Jesus Christus, besitzt die Schlüsselgewalt zum Aufenthaltsort der Toten (1,18).

Der zweite Tod (14) ist kein ewiges Ausgelöschtsein, sondern die endgültige Verbannung aus Gottes Nähe (vgl. mit Vers 10).

### *Übertragung ins Leben:*

Es gibt diesen Ort, der allgemein „die Hölle" genannt wird. Er ist unveränderlich und endgültig. Diejenigen, die in diesem Leben Gott ablehnen, werden auch in der Ewigkeit nichts mehr mit ihm zu tun haben. Wir tun gut daran, uns die Verlorenheit dieser Menschen vor Augen zu halten, um sie mit ganzem Engagement für das Evangelium zu gewinnen.

### *Gesprächsimpuls:*

Wie können wir von der Hölle sprechen, ohne uns den Vorwurf gefallen lassen zu müssen, daß wir die Angst als Druckmittel gebrauchen würden?

### *Gebetszeit:*

Danken Sie Jesus Christus, daß er Gottes Gericht über Ihre Sünde am Kreuz getragen hat.

Bitten Sie darum, daß es Ihnen gelingt, glaubwürdig und feinfühlig Menschen mit dem Evangelium zu erreichen.

# Ewig/Ewigkeit

## *Eine lange Zeitspanne*

*Immer wieder wird im Alltag eine lang empfundene Zeitspanne mit dem Begriff „ewig" ausgedrückt. Dabei muß nicht erklärt werden, daß mit dieser bewußten Übertreibung ein allgemein übliches Stilmittel gebraucht wird. Wenn jemand zum Beispiel sagt: „Ich habe ihn schon ewig lange nicht mehr gesehen", ist klar, was gemeint ist.*

*In gleichem Sinne wird der griechische Ausdruck „aiôn" oder „aiônios" auch in der Bibel gebraucht: Lukas 1,70 (wörtlich): „Wie er von Ewigkeit her geredet hat." Oder Johannes 9,32 (wörtlich): „Von Ewigkeit her hat man nicht gehört, daß jemand einem Blindgeborenen die Augen geöffnet hat."*

## *Ein begrenztes Zeitalter*

*„Aiôn" oder eingedeutscht „Äon" kann auch die Bedeutung von „Zeitalter" haben. In diesem Sinne wird das Wort ebenfalls in der Bibel gebraucht (Mt 28,20): „Und siehe, ich bin bei euch alle Tage bis an das Ende des Zeitalters (Äons)". In der Gnosis und zuvor schon in der babylonischen Astrologie gebrauchte man das Wort Äon jedoch in einem anderen Sinn. Der Äon war eine von Gott ausgehende Geistesmacht, die bestimmte Zeitalter ablöste und damit in unendlicher Folge die Wiederkehr aller Dinge bewirkte. Diese Gedanken der Gnosis vertrat auch der umstrittene Kirchenvater Origines. Er interpretierte die Bibel mit Erkenntnissen der Gnosis und lehrte die sogenannte Allversöhnung. Demnach stellt die ewige Verdammnis nur eine Strafe innerhalb eines begrenzten Äons dar.*

## *Die zeitlose Unendlichkeit*

*Das Neue Testament spricht von „diesem gegenwärtigen bösen Äon" (Gal 1,4). Er wird von dem zukünftigen durchdrungen (Lk 17,21), dessen Kräfte die Gläubigen bereits hier schon schmecken (Hebr 6,5). Die unvergängliche, zukünftige Welt wird nach dem Tod aber auch von denen als Realität erfahren, die keinen Anteil an der Erlösung durch Jesus Christus haben (vgl. Lk 16,19–31). In Markus 10,30 unterscheidet Jesus das Leben in der zukünftigen Welt vom ewigen Leben. Das bedeutet: Es gibt eine zeitlich unbegrenzte Existenz nach dem Tod, an der alle Menschen teilhaben. Aber sie erhalten nicht alle das ewige Leben! Die Reformatoren sprachen deshalb von einem doppelten Ausgang der Weltgeschichte.*

*Ewiges Leben bezeichnet also mehr als unendliches Leben. Es ist das Angebot, jetzt schon mit Gott zu leben, und zwar über den Tod hinaus (Joh 5,24; 11,25).*

*Die Hölle ist ein Ort der Gottesferne, aus der es weder ein Zurück noch ein Ende gibt. Durch die Annahme, daß mit dem Tod alles aus sei, betrügen sich diejenigen, die Jesus abweisen, doppelt: Sie werden auferweckt, um sich vor Gottes Gericht zu verantworten (Hebr 9,27). Und selbst danach können sie nicht durch den Tod ins Vergessen sinken; denn auch der „zweite Tod" bedeutet kein Auslöschen der Person, sondern die bewußt erlebte Gottesferne in einem Feuer, das nie verlöscht (Mk 9,44; Offb 20, 14–15).*

# Gottes neue Welt

## *Zum Text: Offenbarung 21,1–14*

In Kapitel 21 taucht der Begriff „Stadt" zehnmal auf. Das neue Jerusalem ist ein Gegenbild zur Stadt Babylon (18,21–23). Die Gegensätzlichkeit wird durch das betont, was „nicht mehr" sein wird. Das Fehlen des Meeres (1), weist darauf hin, daß die Brutstätte des Bösen in Gottes neuer Welt fehlen wird (vgl. 13,1!).

Die Aussage in Vers 3 erinnert an die (Stifts-) Hütte, die einst Gottes Wohnung innerhalb seines Volkes Israel darstellte (2.Mose 29,45). In Gottes neuer Welt wird es keine Trennung mehr zwischen ihm und den Menschen geben!

Die Herkunft des neuen Jerusalem (2.10) unterscheidet sie deutlich von der irdischen Stadt. Nun wird die Stadt Stück um Stück näher beschrieben: Vers 9–14: die Mauer und Tore der Stadt; Vers 15–21: ihre Maße und Materialien; Vers 22–27: Der Stadtkern; Kapitel 22,1–5: der Thron als Zentrum des neuen Jerusalems.

Ähnlich wie in 1.Petrus 2,5 die Bilder von Tempel und Priesterschaft ineinanderfließen, ist es auch hier. Die Braut von Kapitel 19,7 ist das neue Jerusalem (21,9). Achten sie darauf, welche Eigenschaft ihr in Vers 11 zugeschrieben wird!

Tore und Grundsteine ergänzen einander und bilden eine Einheit (12–14). Hier gibt es keine Konkurrenz mehr zwischen alt- und neutestamentlichem Volk (vgl. Eph 2,11–18).

## *Übertragung ins Leben:*

„Wie kann ich in der Ewigkeit glücklich sein, wenn ich weiß, daß Menschen, die ich liebe, verdammt sein werden?" Diese Frage beschäftigt Christen immer wieder. Vers 4 gibt darauf eine vorläufige Antwort, die uns zunächst genügen muß.

Wichtig ist, daß wir uns selbst immer wieder Gottes Angebot stellen und es auch denen nicht verschweigen, die wir lieben, (7). Dazu gehört auch, daß wir Sünde beim Namen nennen und diejenigen warnen, die darin beharren (8).

## *Gesprächsimpuls:*

Wie wirkt sich die Hoffnung auf Gottes Welt auf Ihr Engagement für diese Welt aus?

## *Gebetszeit:*

Nehmen Sie die Verse 3–7 als Vorlage für ein persönliches Gebet. Sprechen Sie vor Gott aus, was Sie für die neue Welt erhoffen. Verschweigen Sie ihm aber auch nicht den Schmerz um Menschen, für die Sie in der Fürbitte einstehen.

# Unbeschreibliche Herrlichkeit

## *Zum Text: Offenbarung 21,15–27*

Die Maße der Stadt (15–16): Wenn Sie die Zahlen als mathematische Angaben auffassen, entsteht vor Ihren Augen ein gigantischer Würfel mit rund 2500 Kilometer Seitenlänge. Ohne Zweifel handelt es sich bei den Bemessungen jedoch um Bildsprache: Die Gottesstadt ist der Ort der unmittelbaren Gegenwart Gottes. Sie ist deshalb vergleichbar mit „Gottes Wohnung" dem Allerheiligsten in Stiftshütte und Tempel, das ebenfalls die Maße einer Würfelform hatte (1.Kön 6,20).

Die Mauer und ihre Tore (17): Die Höhe von 144 Ellen läßt an Kapitel 7,4 denken, wo die Zahl 144 000 genannt wird. Umgerechnet sind das gerade mal 70 Meter. Es handelt sich nicht um eine Stadtmauer, die vor Angriffen schützen muß, noch um Tore, die zur Sicherung der Durchgänge dienen (25). Hier wird die Vollkommenheit und Schönheit der Stadt Jerusalem beschrieben, die dem Glanz der Herrlichkeit Gottes entspricht.

## *Übertragung ins Leben:*

Solche Worte können wir nur mit stockendem Atem und in einer Haltung der Anbetung aufnehmen. Es ist die Andersartigkeit jener Stadt Gottes, die uns versichert, daß es sich hier nicht um die Projektion irdischer Träume handelt.

## *Gesprächsimpuls:*

„Guck nach vorn!" sagen wir Kindern, die verträumt nach hinten sehen und Gefahr laufen, deshalb sich am nächsten Laternenpfahl eine Beule zu holen. Weshalb gilt dieser Rat auch für das geistliche Ziel eines Christen? Formulieren Sie aus Ihren Gesprächen einen Leitgedanken!

## *Gebetszeit:*

Nehmen Sie sich die Zeit, um vor Gott die Herrlichkeit des himmlischen Jerusalems zu reflektieren.

Benennen Sie ihm Ihre Hindernisse, die Ihre Aufmerksamkeit zur Zeit bannen.

Beten Sie auch für die Personen, die noch ziellos durchs Leben steuern.

*Das Zentrum (22):*
Ebenso wie Jerusalem ein Bild für die Erlösten in Gottes neuer Welt ist, wird vom Tempel gesagt, daß Gott und das Lamm selbst der Tempel ist. Kapitel 21 beschreibt also eine Stadt, die wir in ihrem Wesen kaum begreifen können, weil uns dafür jegliche Vorstellung fehlt. Bauwerke und Bewohner scheinen nicht mehr unterschieden zu sein. Der Charakter der Bewohner entspricht in vollkommener Weise der lichten Herrlichkeit dieser Stadt.

# Zu Hause

## *Zum Text: Offenbarung 22,1–5*

Johannes sieht nun das Zentrum der Stadt. Bekannte biblische Bilder tauchen auf: Der Wasserlauf im Paradies (1.Mose 2,10), der Segensstrom bei Hesekiel 47,1.12, aber auch die Zusage Jesu in Johannes 7,38. Vertraut sind auch die Bäume des Lebens. Hier werden sie sogar in der Mehrzahl genannt. Hatte Gott den Baum des Lebens einst vor dem Zugriff des in Sünde gefallenen Menschen geschützt (1.Mose 3,24), so sind diese nun allen zugänglich. Für Christen wird die Ewigkeit in wahrsten Sinne des Wortes ein „nach Hause kommen“ bedeuten (vgl. Hebräer 11,13–16). Es wird keinen Hunger, keine Krankheit (2), keine Sünde (3), keine Gottverlassenheit (4) und keine Dunkelheit mehr geben (5). Die Stadt mit dem Fluß und den Bäumen vermittelt ein Bild, das tiefe Geborgenheit, Frieden und Harmonie ausdrückt. Hier wird sich das bewußte oder unbewußte Sehnen der Menschheit nach dem verlorenen Paradies erfüllen.

Was werden die Erlösten in der Ewigkeit tun? Auf diese Frage gibt Vers 3 und 5 Antwort. Sie schließt wegen ihrer Knappheit Spekulationen und das Ausschmücken von menschlichen Vorstellungen aus.

## *Übertragung ins Leben:*

Es mag viele Christen geben, die Gott mit ihren Bitten bestürmen. Aber wie viele begeben sich bewußt „im Geist“ vor Gottes Thron? Wenn wir Gott doch um seiner selbst Willen aufsuchten und in der Stille vor ihm verweilten! Wir würden schon jetzt ein Stück des neuen Jerusalems als Realität in unserem Innern erfahren und uns danach sehnen, nie wieder die Zeiten der Anbetung beenden zu müssen. Der Frieden, der daraus strömt und alles Begreifen weit übersteigt, ist ein Vorgeschmack auf das, was uns in Gottes Stadt erwarten wird.

Noch leben wir in dem Zwiespalt, durch den Körper an die Erde gebunden zu sein und nur durch den Heiligen Geist Gottes Nähe zu erleben. Wenn diese Erfahrung schon so herrlich ist, wieviel mehr wird die Vollendung uns glücklich machen!

## *Gesprächsimpuls:*

Welche Erwartungen haben Sie im Hinblick auf die Ewigkeit?

## *Gebetszeit:*

Lesen Sie noch einmal den Bibeltext und lassen sie ihn auf sich wirken, um ihn zur Grundlage Ihrer Anbetung zu nehmen.

# Zuverlässig und wahr

## *Zum Text: Offenbarung 22,6–15*

Die Offenbarung nähert sich dem Abschluß, deshalb kommt nun ihre Glaubwürdigkeit zur Sprache. Siebenmal wird das Wort „Buch“ in diesem letzten Kapitel gebraucht.

Der Engel, der Johannes durch diese gewaltige Zukunftsschau geführt hat (4,1), bestätigt (wie schon in Kapitel 21,5) die Zuverlässigkeit der Offenbarung (6): Es muß alles so geschehen, denn Gott hat ein Ziel mit dieser Welt.

Jesus selbst meldet sich in Vers 7 und in Vers 12 bis 16 zu Wort. Um die eigenen Worte von denen des Herrn zu unterscheiden, fügt Johannes in Vers 8 hinzu: „Ich, Johannes, bin es ...“ Er betont, wie übrigens auch in seinem ersten Brief, daß er Augen- und Ohrenzeuge ist. Dabei verschweigt er durchaus nicht seine menschlichen Schwächen. Es ist bereits das zweite Mal, daß er den mächtigen Engel anbeten will. Für Christen, die (durch eine falsche religiöse Unterweisung) in der Gefahr stehen, neben Jesus auch noch Engel (vgl. Kol 2,18) oder Heilige anzubeten, wird Vers 9 eine deutliche Hilfe sein.

Noch einmal werden die Leser und Zuhörer der Offenbarung aufgerüttelt. Jesus wird kommen; dann gibt es eine Sichtung (14–15), das ist ganz sicher!

Alpha und Omega (Luther: „A und O“;13) sind im griechischen Alphabet die ersten und letzen Buchstaben.

## *Übertragung ins Leben:*

Aus der Perspektive unserer kurzen Lebensspanne hat das Wort „bald“ einen anderen Klang als bei dem ewigen Gott. Deshalb wird es Leute geben, die sich auch durch die Offenbarung in ihrer geistlichen Gleichgültigkeit nicht beirren lassen (11a). Christen könnten angesichts der scheinbaren Ereignislosigkeit die Geduld verlieren und aufhören, entsprechend zu leben (11b).

## *Gesprächsimpuls:*

Woran wird erkennbar, daß Sie Jesus Christus als wiederkommenden Herrn tatsächlich erwarten?

Welchen Leitgedanken möchten Sie im Hinblick auf das Kommen Jesu beherzigen?

## *Gebetszeit:*

Rechnen Sie damit, daß Gott seine Zusagen einlöst – und sprechen Sie mit ihm darüber!

Sprechen Sie auch über eventuelle Ängste oder Zweifel und bitten Sie um ein tieferes Verständnis für die prophetischen Worte.

Beten Sie nach wie vor mit großer Treue für Verwandten, Freunde oder Kollegen, die Jesus Christus ablehnen.

# Am Ziel der Geschichte

## *Zum Text: Offenbarung 22,16–21*

Mit Vers 16 schließt sich der Kreis zu Kapitel 1,1. Das Zeugnis über das, „was geschehen wird", soll allen Gemeinden den Blick für Gottes Herrschaft öffnen. Er bringt die Weltgeschichte zum Ziel, das sich mit drei Worten beschreiben läßt: Unser Herr kommt!

Die Erwartung der geistlich wachen Gemeinde stimmt mit der des Heiligen Geistes überein (17a). Das gemeinsame Zeugnis von Heiligem Geist und Gemeinde hat in erster Linie werbenden und nicht drohenden Charakter (17b).

Die Offenbarung gewährt uns lediglich „Momentaufnahmen" aus Gottes Welt, die uns fremd ist. Manche Fragen bleiben offen. Sie dürfen nicht durch Spekulationen beantwortet werden (18). Dies ist im Laufe der Geschichte dennoch immer wieder geschehen und hat unter einzelnen Glaubensgruppierungen zu ausufernden Endzeithysterien geführt. Heute stehen wohl die Christen viel stärker in der Gefahr, die prophetischen Aussagen nicht mehr wirklich ernst zu nehmen (18).

## *Übertragung ins Leben:*

Wozu in der Erwartung der Wiederkunft Christi leben, wenn sich unser Leben im Wohlstand so angenehm gestalten läßt?

Diese Fragestellung ist bewußt überspitzt formuliert; denn sie zeigt eine Tendenz auf, die sich im Laufe der Kirchengeschichte beobachten läßt: Es ist auffallend, daß eine Rückbesinnung auf die Offenbarung im wesentlichen auf Notzeiten beschränkt blieben. Vergessen wir dabei nicht, daß die Übermittlung der Offenbarung in eine solche Zeit der Verfolgung durch die römischen Behörden zurückreicht (1,9). Es ist eben so: Die Welt verliert ihre blendende Faszination erst bei bedrohenden Auseinandersetzungen. Dann werden Fragen nach der Herrschaft Gottes und dem ewigen Leben besonders drängend.

## *Gesprächsimpuls:*

Können Sie aus Ihrer persönlichen Erfahrung sagen, daß Zeiten mit besonderen Schwierigkeiten für Sie Perioden waren, in denen Sie besonders stark Gottes Nähe erfahren haben?

## *Gebetszeit:*

Sprechen Sie mit Jesus Christus darüber, welche Hoffnungen Sie mit seiner Wiederkunft verknüpfen!

Stehen Sie in der Fürbitte für Personen ein, die das Angebot von Vers 17b noch nicht angenommen haben.

Stellen Sie sich bewußt unter den Segenswunsch von Vers 21.

**Alpha und Omega**
Als erste und letzte Buchstaben des griechischen Alphabets stehen sie symbolisch für das Erste und Letzte. Jesus gebraucht dieses Bild als Synonym in dieser Bedeutung 1,17; 22,13) und verweist damit auf seine Göttlichkeit (1,8; Jes 41,4).

**Buch**
Das griechische Wort „Biblion" kommt im Neuen Testament insgesamt 34mal vor, davon 23mal in der Offenbarung. Es kann für eine Schriftrolle, für ein Buch für etwas Schriftliches allgemein oder einen Brief stehen. Die Offenbarung ist von vornherein als schriftliches Dokument konzipiert (1,11). Damit steht fest, daß die Ereignisse der Zukunft einem fest umrissenen Plan folgen, der ganz in der Hand Jesu liegt. Diese Tatsache wird durch „das Buch" in Kapitel 5 unterstrichen.

**Drache**
Im Neuen Testament wird der Drache nur in der Offenbarung erwähnt. In Kapitel 12,9 wird das Bild gedeutet und aufgezeigt, daß der Drache identisch ist mit der Schlange im Paradies. Er ist der Teufel selbst. Der Drache hat die Farbe von Krieg und Aufruhr und ist der Todfeind des Messias (12,3.4; vgl. mit 6,4). Obwohl ausdrücklich gesagt wird, daß der Drache groß ist (12,3), reicht seine Macht doch nicht an die der Engel Gottes heran (12,7; 20,1–2).

**Hölle**
Es gibt zwei griechische Begriffe, die in der Lutherbibel mit „Hölle" wiedergegeben werden: „Hades" und „Gehenna". Mit Hades ist der vorläufige Aufenthaltsort der Toten gemeint. Jesus besitzt über ihn die Schlüsselgewalt. Am Ende muß der Hades die Toten herausgeben; denn die Menschen müssen sich vor Gottes Thron verantworten. Der Hades wird mehrfach in der Offenbarung genannt: 1,18; 6,8; 20,13.14. Das Wort „Gehenna" wird dagegen in der Offenbarung überhaupt nicht gebraucht, sondern als „feuriger Pfuhl" oder „zweiter Tod" beschrieben (19,20; 20,14.15). Er ist der Ort der endgültigen Verdammnis oder „die Hölle" (vgl. Matthäus 5,29.30).

**Kleider**
Die Kleidung steht für die Person selbst. Sie zu besudeln heißt, selbst durch Sünde unrein zu werden. Zehnmal werden in der Offenbarung Kleider erwähnt. Dabei ist geöhnlich das lange Oberkleid, der „Mantel" gemeint. Dreimal wird im Griechischen das Wort „Stolä" gebraucht, das die Vollendeten erhalten (6,11), oder das sie tragen (7,9.14). Damit wird vor allem die Pracht- oder Staatskleidung bezeichnet.

**Krone**
Die Bezeichnung „Krone" erscheint elfmal in der Offenbarung, jedoch nur dreimal in diesem eigentlichen Sinne (griechisch: „diadaema"). Der Drache trägt sieben Kronen (12,3), das Tier aus dem Meer zehn (13,1), der Reiter in Kapitel 19,12 viele.

An folgenden Stellen, die in der Lutherbibel mit „Krone" wiedergegeben werden, handelt es sich jedoch um jenen (Lorbeer-) Kranz (griechisch: stephanos), der in der Antike gewöhnlich siegreichen Wettkämpfern oder Feldherrn überreicht wurde: 2,10; 3,11; 4,10; 6,2; 9,7; 12,1. Zweimal werden goldene Siegeskränze genannt: 4,4; und 14,14.

**Lamm**
Im Griechischen gibt es zwei Worte für Lamm: „Amnós" bezeichnete das junge Schaf. Meist wurde der Begriff für das Opfertier gebraucht. Das in der Offenbarung gebrauchte Wort „Arníon" stellt eine Verkleinerungsform für das Lamm als Schlachttier dar. Wir würden also von einem Lämmchen sprechen. Mit dieser Darstellung wird der Gegensatz von dem Lamm und dem Tier mit den raubtierhaften Zügen aus dem Meer unterstrichen.

**Meer**
Neben der wörtlichen Bedeutung steht „Meer" auch in übertragener Bedeutung für Abgrund. Lesen Sie dazu den Artikel Seite 38, „Der Antichrist"

**Morgenstern**
Zweimal wird in der Offenbarung der Planet Venus als Morgenstern erwähnt (2,28; 22,16). Er ist am Abend als erstes und am Morgen als letztes Gestirn sichtbar und hat als Bild die gleiche Bedeutung wie das Alpha und Omega (siehe dort).

**Offenbarung**
Der Wortstamm des griechischen Begriffs „Kalypto" bedeutet umhüllen, verbergen. Durch die Vorsilbe „Apo" verändert sich der Begriff („apokalypto") ins Gegenteil: „enthüllen aufdecken". Als Substantiv (Apokalypsis) kommt der Begriff in der Offenbarung nur in Kapitel 1,1 vor. Im heutigen Sprachgebrauch wird „apokalyptisch" meist in dem Sinne von unheilverkündend, geheimnisvoll oder auf das Weltende hinweisend gebraucht. In diesem Sinne werden die Reiter von Kapitel 6 oft „die apokalyptischen Reiter" genannt.

**Schale**
Bei den Schalen handelt es sich in der Offenbarung um Gefäße, wie sie beim Tempeldienst verwendet wurden (2.Mose 25,29). Sie werden sowohl in Kapitel 5,8 als auch in 15,7 in einem solchen Zusammenhang erwähnt.

**Schlüssel**
Schlüsselgewalt ist Herrschaftsgewalt (3,7). Sie wurde in Privathäusern vom Hausherrn ausgeübt und in Palästen von Personen in privilegierter Stellung (vgl. Jes 22,22). Jesus gehören die Schlüssel der Hölle und des Todes und der Totenwelt (1,18). Er hat deshalb Macht, die Toten zur Auferstehung zu rufen. Ebenso besitzt Jesus die Schlüssel zum Abgrund, dem Aufenthaltsort der Dämonen. Zweimal wird einem Engel der Schlüssel zu diesem Bereich gegeben, damit er ihn öffnet und erneut verschließt (9,1; 20,1).

**Schwert**
Das Schwert war eine Kriegswaffe, aber auch das Machtinstrument des Staates (Römer 13,4; Offb 13,10). Anders als der Bogen bleibt das Schwert ein geführtes Instrument. Jesus hält das Schwert nicht in der Hand, sondern es kommt aus dem Mund. Jesus wird die Menschen also nach ihrem Verhalten gegenüber seinen Wort richten (vgl. Johannes 12,48;

Hebräer 4,12). In Kapitel 6,4.8 wird die Gerichtsgewalt für eine bestimmte Zeit an die Reiter verliehen.

**Tier**
Die Wesenszüge von Panther, Bär und Löwe charakterisieren beim Propheten Daniel die innere Qualität der Weltreiche, die er in einer nächtlichen Vision sah (Dan 7,1–6). Die Bestie aus dem Meer vereinigt all diese Eigenschaften in einer Person (Offb 13,1). Nicht die unmenschlichen Züge an sich sind neu, sondern ihre ungeheure Verdichtung.

**Weiß**
Mit der Farbe Weiß wird Reinheit und Gerechtigkeit verbunden. Sie steht im Gegensatz zur roten Farbe der Sünde und des Aufruhrs (Jes 1,18; Offb 12,3). Weiß ist das Haupthaar des Auferstandenen (1,14) und die Wolke, auf der er zum Gericht erscheint (14,14). Weiß ist auch der Thron beim letzten Gericht (20,11). Weiß ist die Kleidung derer, die Jesu Gerechtigkeit für sich in Anspruch genommen und überwunden haben (3,4.5.18; 4,4; 6,11;7,9.13; 19,14).

Weiße Pferde gehörten als Symbol des Sieges zu den Triumphzügen der römischen Kaiser (vgl. 6,2; 19,11.14).

**Wüste**
Die Wüste ist ein Ort der Prüfung und der existentiellen Abhängigkeit von Gott (vgl. Mt 4,1–11). Die vom Drachen bedrohte Frau empfängt in der Wüste alles, was zu ihrem Überleben dient: Flügel, um fliehen zu können; einen vorbereiteten Zufluchtsort; Nahrung und Schutz vor dem tödlichen Angriff des Drachen (12,6.14.16). Die Vorstellung menschenferner Abgeschiedenheit trifft in diesem Zusammenhang keineswegs zu, wie Kapitel 17,3 aufs deutlichste zeigt.

**Zeichen/Malzeichen**
Der griechische Grundtext unterscheidet zeichenhafte Darstellungen sowie Warn- oder Wunderzeichen („Saemeion“; Kapitel 12,1.3; 13,14; 16,14; 19,20a) von dem antichristlichen Malzeichen („Charagma“). Beide Begriffe werden in der Lutherbibel mit „Zeichen“ wiedergegeben.

Die Annahme des antichristlichen Malzeichens setzt nach (14,9.11) eine bewußte Einwilligung voraus. In Verbindung damit wird die Anbetung des Tieres genannt, so daß das Malzeichen letztlich wohl die von Gott abgewandte Haltung der einzelnen belegt. Die Verführung durch lügenhafte Wunder zielt ebenfalls auf die Einwilligung zur Annahme (13,15–16; 19,20b). Die Möglichkeit zum totalen Boykott wird schließlich diejenigen zu Fall bringen, die den Tod mehr fürchten als Gott (13,9–10; 20,4).

# Und weiter geht's ...

Wir hoffen, daß Ihnen das gemeinsame Bibellesen in Ihrer Zweierbeziehung geholfen hat und Sie sich gegenseitig, aber auch Gott besser kennen- und liebengelernt haben.

Gott hat natürlich nicht nur etwas zum Thema Paare zu sagen. Daher wäre es gut, wenn Sie sich mit der Botschaft der ganzen Bibel vertraut machten. Wir helfen Ihnen gern dabei. Die nachfolgenden, vierteljährlich erscheinenden, Hefte leiten zum regelmäßigen und systematischen Bibellesen an. Interessiert?

Dann lassen Sie sich doch einfach ein Probeheft zuschicken.

**Guter Start**

Bibellese-Zeitschrift für Kinder ab ca. 9 Jahre, mit Illustrationen, Rätseln, Fragen, Liedern und Bastelvorschlägen.

**pur**

Bibellese-Zeitschrift für Teenager ab ca. 13 Jahre, mit Illustrationen, Fotos und Comics, Fragen und Gebeten, Liedern und Rätseln.

**Klartext**

Bibellese-Zeitschrift für junge Menschen. Mit konkreten Bezügen zum Alltag.

**atempause**

Eine Bibellese-Zeitschrift für alle Frauen, die im täglichen Kontakt mit Gott neue Kraft schöpfen möchten.

**Orientierung**

Bibellese-Zeitschrift für Erwachsene. Orientierung ist auch als **Großdruckausgabe** erhältlich. Zusätzlich dazu gibt es **Orientierung plus**. Diese Ausgabe enthält wöchentliche Ausarbeitungen für Bibelgesprächskreise.

**mittendrin**

Der ideale Weg zum Bibellesen für interessierte Außenstehende und Einsteiger.

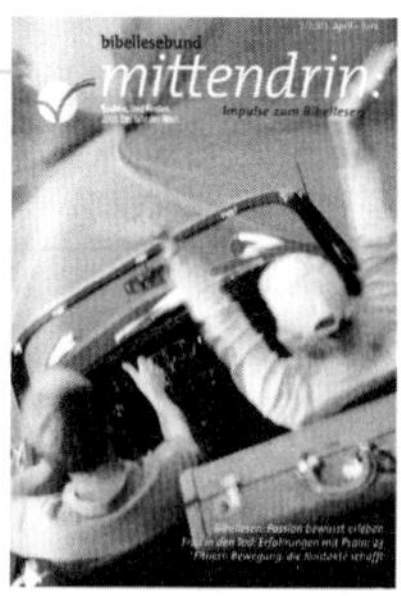

Reinhold Frey

# *Vitaminkur*
## *für die Seele*

***Anregungen aus der Bibel für ein gesundes Christsein***

*79 Seiten; Tb.; € 4,50*

Unser Körper braucht Vitamine, um gesund zu bleiben. Und die Seele? Geistlicher Vitaminmangel dämpft Freude und Hoffnung. Er läßt Zweifel wachsen und Vertrauen schwinden.

In diesem Buch finden Sie alles, was Sie zu einer Vitaminkur für die Seele brauchen. 17 vitaminhaltige Portionen aus der Bibel, ansprechend zubereitet, stärken die Widerstandskräfte und fördern die geistliche Vitalität.

Sie werden erleben, wie positiv sich eine Dosis Vitamin H (Hoffen) oder V (Vertrauen) auf Ihr Leben auswirkt.

***Aus dem Inhalt:***

Vitamin H: *Hoffen – damit die Seele wieder Luft kriegt*
Vitamin V: *Vertrauen – das Kraut gegen Sorgen*
Vitamin Z: *Zunehmen – Schluß mit geistlicher Nulldiät*

Diese und 14 weitere Vitamine gehören zur Vitaminkur für die Seele.

Eva Schmid (Hrsg.)

# *Paarweise*

*79 Seiten; Tb.; € 4,50*

»Paarweise« ist eine Bibellesehilfe, die sich speziell an Verliebte, Verlobte und Verheiratete wendet. 46 sorgfältig ausgewählte Abschnitte aus der Bibel werden für Paare aufbereitet.

***Dies geschieht durch:***

- Erklärungen zum Text
- Übertragung ins Leben
- Gesprächsimpulse
- Anregungen zum gemeinsamen Gebet

***Aus dem Inhalt:***

- Im andern das Bild Gottes entdecken
- Einheit trotz Unterschiede
- Sexualität als Geschenk
- Gebote, die die Ehe schützen
- Braucht ein Mann mehr als eine Ehefrau
- Das Geschenk der Vergebung
- Kreative Liebe
- Welkende Liebe
- Die alte Ehe
- Umlernen menschlicher Beziehungsmuster

Der Bibellesebund e.V. ist eine überkonfessionelle, gemeinnützige Organisation. Es gibt ihn in nahezu 120 Ländern.
Der Bibellesebund steht mit seinen Diensten allen christlichen Kirchen, Freikirchen und christlichen Organisationen zur Verfügung. Die missionarische Arbeit wird nicht durch Zuwendungen von Staat oder Kirche, sondern durch freiwillige Spenden finanziert.

Die Arbeit des Bibellesebundes begann 1867 in England (Scripture Union). Der deutsche Zweig besteht seit 1947/48. Sein Ziel ist es, Menschen zu systematischem Bibellesen anzuleiten, zum persönlichen Glauben an Jesus Christus zu führen und ihnen zu helfen, als Christen zu leben und verbindlich in der Gemeinde mitzuarbeiten. Er bildet keine eigenen Kreise oder Gemeinden.


**Bibellesebund Deutschland**
Postfach 1129
51703 Marienheide
Fon 0 22 64 / 40 43 4-0
Fax 0 22 64 / 40 43 4-39
info@bibellesebund.de
www.bibellesebund.de

**Bibellesebund Österreich**
Schrempfgasse 10
4822 Bad Goisern
Fon 0 61 35 / 41 39 0
Fax 0 61 35 / 41 39 0-4
info@bibellesebund.at
www.bibellesebund.at

**Bibellesebund Schweiz**
Flugplatzstr. 5
Postfach
8404 Winterthur
Fon 0 52 / 2 45 14 45
Fax 0 52 / 2 45 14 46
info@bibellesebund.ch
www.bibellesebund.ch


## Literaturarbeit

Schwerpunkte bilden die vierteljährlich erscheinenden **Bibellese-Zeitschriften** für Kinder, Teenager, junge Leute und Erwachsene sowie eine Bibellese-Zeitschrift für Frauen.

Prospekte informieren Sie darüber hinaus über Bibellesehilfen für spezielle Zielgruppen wie Kinder im ersten Lesealter oder Einsteiger.

Für Kinder gibt der Bibellesebund **Bücher** mit altersgemäßen Erzählungen heraus. Das komplette Angebot finden Sie im Sonderprospekt des Bibellesebundes.

## Arbeitsmaterial für Schule und Gemeinde

Praxiserprobte Reihen und Gestaltungshilfen erleichtern die Arbeit unter Kindern sowie den Religionsunterricht.

Tageslicht-Folien zu einer ganzen Reihe von Themen veranschaulichen die christliche Botschaft.

## Arbeitsmaterial für Frauen

Komplette Stundenentwürfe mit Anregungen für Themen, Bibelarbeiten, kreative Aktivitäten und Feiern unterstützen die Arbeit an Frauen vor Ort.

*Informieren Sie sich weiter durch unseren Prospekt Arbeitsmaterialien.*

### CD-ROM

In Ergänzung zu den Printmedien gibt der Bibellesebund in Zusammenarbeit mit kompetenten Partnern die biblische Botschaft auf Compaktdisks heraus. Bisher sind erschienen: „Die interaktive Reise durch das Leben Jesu“ und „Mose“, Szenen aus dem Leben des Mose mit Adventure-Charakter.

Weitere Softwareangebote mit christlichem Inhalt finden Sie in unserem Software-Prospekt.

### Strandmission

Seit mehr als 25 Jahren erreichen die Strandmissionsteams in den Sommermonaten zahlreiche Kinder an verschiedenen Orten der Nord- und Ostseeküste. Diese Arbeit wird von geschulten ehrenamtlichen Mitarbeiterinnen und Mitarbeitern durchgeführt. Gern informieren wir Sie ausführlicher über diese missionarische Arbeit.

### Kinderbibelwochen

Unsere Mitarbeiterinnen und Mitarbeiter führen auf Einladung von Kirchen, Freikirchen oder Gemeinschaften Kinderbibelwochen durch. Sie helfen, durch diese besondere Zeit neue Impulse in den Gemeinden vor Ort zu setzen.

### Freizeiten

Die Urlaubs- und Ferienangebote des Bibellesebundes berücksichtigen die Erholung nach Geist, Seele und Leib. Im aktuellen Freizeitprospekt erhalten Sie Informationen über Freizeiten für verschiedene Altersgruppen sowie Studienreisen, Fachtagungen und Seminarangebote.

Der Bibellesebund hält Freizeitangebote in Deutschland, Europa und Übersee für Sie bereit.

### Veranstaltungen in Ortsgemeinden

Auf Einladung von Kirchen, Freikirchen und Gemeinschaften führt der Bibellesebund Bibelwochen sowie fachbezogene Seminare aus dem Bereich Bibel, Bibellesen, Christsein im Alltag durch. Mitarbeiterinnen und Mitarbeiter des Bibellesebundes gestalten auch gern Gottesdienste mit.

### Bibel-Shuttle

Ein 18 m langer Hochdecker Gelenkbus mit 11 Computern und Softwareprogrammen aus dem Bereich Bibel und Glauben kann von christlichen Gemeinden und Organisationen angefordert werden. Mit diesem hochmodernen Medium werden vor allem junge Leute im Alter von 13 bis 20 Jahren mit der Botschaft von Jesus Christus angesprochen. Einsätze an Schulen haben sich besonders bewährt. Einen Prospekt über die Möglichkeiten des Bibel-Shuttle an Ihrem Wohnort können Sie anfordern.

**Bestell-Coupon**

## Bitte senden Sie mir auf Rechnung:

| | *Abonnement __Quartal 20__* | *Einzelheft __Quartal 20__* | *Probeheft jeweils 1 Heft* |
|---|---|---|---|
| **Guter Start** *für Kinder ab 9 Jahre* | € 7,80 | € 2,15 | gratis |
| **pur** *für junge Leute ab 13 Jahre* | € 8,40 | € 2,30 | gratis |
| **Klartext** *für junge Erwachsene* | € 9,– | € 2,45 | gratis |
| **atempause** *für Frauen* | € 9,– | € 2,45 | gratis |
| **mittendrin** *für Frauen* | € 9,– | € 2,45 | gratis |
| **Orientierung** *für Erwachsene* | € 9,– | € 2,45 | gratis |
| **Orientierung** *Großdruck* | € 13,– | € 3,45 | gratis |
| **Orientierung plus** *für Bibelgesprächskreise* | € 13,– | € 3,45 | gratis |
| **Vitaminkur für die Seele,** Taschenbuch | | € 4,50 | |
| **Paarweise,** Taschenbuch | | € 4,50 | |

## Informieren Sie mich bitte kostenlos über:

- Ihr Programm Bibellese-Zeitschriften
- Bücher
- Arbeitsmaterial für Kinder
- Arbeitsmaterial für Frauen
- Freizeitkatalog
- Ehrenamtliche Mitarbeit bei der Strandmission
- Ehrenamtliche Mitarbeit bei einer Freizeit
- Informationen über einen Bibel-Shuttle-Einsatz
- Angebot von christlicher Computersoftware

bibellesebund

## Absender

Name, Vorname

Straße, Haus-Nummer

PLZ, Ort

Datum, Unterschrift

Senden Sie diesen Bestell-Coupon an:

**Bibellesebund e.V.,** Postfach 1129, D-51703 Marienheide, Fax 02264/40434-39